힘든 곳의 지역 교회

Church in Hard Places:
How the Local Church Brings Life to the Poor and Needy (9Marks)

Copyright © 2016 by Mez McConnell and Mike McKinley
Published by Crossway
a publishing ministry of Good News Publishers
Wheaton, Illinois 60187, U.S.A.

This edition published by arrangement
with Crossway through rMaeng2, Seoul, Republic of Korea.
All rights reserved.

This Korean Edition Copyright © 2020 by Reformed Practice Books, Seoul, Republic of Korea

힘든 곳의 지역 교회

지은이   메즈 맥코넬, 마이크 맥킨리
옮긴이   김태곤
초판 발행 2020년 3월 4일
등록번호 제2018-000357호
등록된 곳 서울특별시 강남구 선릉로107길 15, 202호
발행처   개혁된실천사
전화번호 02)6052-9696
이메일   mail@dailylearning.co.kr
웹사이트 www.dailylearning.co.kr

책값은 뒤표지에 있습니다.
ISBN 979-11-89697-04-4 03230

개혁된
실천
시리즈

가난한 곳에 교회가 어떻게 생명을 가져다 주는가

힘든 곳의 지역 교회

CHURCH
IN HARD PLACES

메즈 맥코넬, 마이크 맥킨리 지음

김태곤 옮김

개혁된실천사

"대서양을 사이에 놓고 서로 반대편에 거주하는 두 명의 목사가 힘든 곳에서의 목회 이야기를 함께 나눈다. 마이크 맥킨리와 메즈 맥코넬은 성경이 말하는 것과 사람들과 지역 교회에 관심을 가진다. 그들의 이야기는 사랑과 기쁨과 유머와 지혜를 담고 있다. 이 매력적인 책은 우리에게 확신을 준다. 모두들 이 책을 읽고서, 증인부재의 장소에 다가가 복음을 전파하는 수고를 감당하게 되기를 기도한다."

_마크 데버, 캐피톨힐침례교회 담임목사, 9Marks 대표

"메즈 맥코넬과 마이크 맥킨리가 우리에게 꼭 필요한 책을 썼다. 적절한 때에 쓰여진 본서는 어려운 환경 속으로 복음을 들고 찾아가 교회를 개척하는 일에 진지한 관심을 가지고 있는 사람들에게 많은 가르침을 줄 것이다. 하나님과 그분의 은혜를 가장 귀하게 여기는 사람들은 가장 힘든 곳에 교회가 세워지는 것을 보고자 하는 큰 열정을 가져야 한다. 메즈와 마이크는 우리에게 박차를 가해 이 일을 하도록 독려한다."

_J. 리곤 던컨, 리폼드신학교 학장 겸 CEO

"이 책은 이해하기 쉽고 열정적이며 중요한 내용을 담고 있다. 맥코넬과 맥킨리는 이 책을 공동으로 집필함으로써 우리에게 큰 도움을 준다. 복음을 위한 웅장한 스케일과 냉철한 리얼리즘이 이처럼 잘 결합된 책을 나는 읽어본 적이 거의 없다. 이 같은 결합이 가능했던 것은 저자들이 이론가라기보다 실천가이기 때문일 것이다. 다가가기 쉽지 않고 다가갈 기회가 자주 주어지는 것도 아닌 그러한 이들

에게 다가가는 중요한 임무를 위해 저술된 이 책을 통해, 그들과 같은 실천가들이 많이 탄생하게 되기를 기도하는 바이다."

_스티브 티미스, 액츠29처치플랜팅네트워크 이사

"마침내 복음 선교의 이 중요한 측면에 관한, 성경적이고, 복음중심적이며, 교회에 초점을 맞춘 책이 나왔다! 이 책은 실제 사역에 발을 담그고 있는 두 사람이 보통의 그리스도인들을 위해 쓴 책이다. 본서는 교회를 위한 귀한 선물이다."

_자레드 C. 윌슨, 미드웨스턴침례신학교 콘텐츠 전략 담당자

"만일 당신이 세상의 약자와 고난당하는 이들을 긍휼히 여기는 마음을 갖고 있다면, 이 책을 읽고 싶을 것이다. 그러나 이 책은 당신이 생각하는 그런 내용의 책이 아니다. 대신에, 이 책은 당신이 읽을 필요가 있는 책이다. 마이크 맥킨리와 메즈 맥코넬의 주장에 따르면, 약자와 고난당하는 이들의 물질적 필요를 무시하는 것은 비정한 일이지만 그들에게 가장 필요한 것은 우리 모두에게 가장 필요한 것과 동일하다. 그것은 죄로부터 돌이키고, 그리스도를 영접하며, 그리스도의 은혜와 그를 아는 지식에서 자라 가는 것이다. 이러한 영적 성장은, 지속적인 사역을 위해 교회를 구비시키면서 영혼들을 세심하게 돌보는 목사들의 신실한 리더십 아래 서로에게 헌신하는 신자들의 건강한 교제 안에서 이루어진다. 이러한 일이 없다면, 우리는 단지 이 땅의 일시적인 필요만 충족시켜줄 뿐이며 변화된 삶의 소망을 제시하지 못하게 된다."

_후안 R. 산체스 Jr., 하이포인트침례교회 담임목사

목차

1부: 힘든 곳에서의 복음

시리즈 서문

9Marks 도서 시리즈는 두 가지 기본 개념을 전제로 한다. 첫째, 지역 교회는 오늘날 많은 그리스도인들이 인식하는 것보다 그리스도인의 삶에 훨씬 더 중요하다는 것이다. 9Marks 미니스트리즈는, 건강한 그리스도인은 건강한 교회 멤버라고 믿는다.

둘째, 지역 교회는 그들의 삶을 하나님의 말씀에 따라 형성할 때 생명과 활력 안에서 성장한다. 하나님은 말씀하신다. 교회들은 그분의 말씀을 듣고 따라야 한다. 매우 간단하다. 교회가 듣고 따를 때, 자신이 따르는 분을 닮아 가기 시작한다. 이것은 그분의 사랑과 거룩함을 반사한다. 이것은 그분의 영광을 드러낸다. 교회는 그분의 말씀을 들을 때 그분을 닮아갈 것이다. 그렇기 때문에, 마크 데버의 책 『건강한 교회의 9가지 특징』(Nine Marks of a Healthy Church)에서 가져온 다음과 같은 "아홉 가지 표지"(9 marks)는 거의 대부분 '성경적'(biblical)이라는 문구를 포함하고 있다.

- 강해 설교
- 성경적 신학
- 복음에 대한 성경적 이해
- 회심에 대한 성경적 이해
- 복음전도에 대한 성경적 이해
- 교회 멤버십에 대한 성경적 이해
- 교회 권징에 대한 성경적 이해
- 제자훈련과 성장에 대한 성경적 이해
- 교회 리더십에 대한 성경적 이해

교회의 건강을 위해 필요한 다른 사항들도(예를 들면, 기도) 열거할 수 있겠지만, 우리는 이 아홉 가지 실천사항들이 (기도와는 달리) 오늘날 가장 많이 간과되고 있는 것들이라고 생각한다. 따라서 교회를 향한 우리의 기본적인 메시지는, 비즈니스를 성공시키는 최고의 실천사항들이나 최신 스타일을 바라보지 말고 하나님을 바라보라는 것이다. 다시금 하나님의 말씀에 귀 기울임으로써 시작하라.

이 전체 프로젝트의 일환으로 9Marks 도서 시리즈가 기획되었다. 이 책들의 목적은 아홉 가지 표지를 더욱 면밀히 그리고 다른 각도에서 조사하는 것이다. 어떤 책들은 목사들을 대상으로 쓰였으며 어떤 책들은 교회 멤버들을 대상으로 쓰였다. 이 모든 책들이 성경적 근거에 대한 신중한 검토, 신학에 대한 적절한 반영, 문화에 대한 적절한 고려, 집단적 적용, 그리고 심지어 약간의 개인적 권면까지 한 데 결합하길 소망한다. 최고의 기독교 서적은 언제나 신학과 실천을 동시에 갖춘다.

하나님이 이 책과 다른 책들을 사용하사, 그분의 신부인 교회가 그분이 다시 오시는 날을 위해 영광스럽게 빛나는 모습으로 준비되게 하시기를 기도한다.

지난 20년간의 가장 의미 있는 동향 중 하나는 복음주의적 그리스도인들이 가난에 대항하는 일에 새롭게 헌신한 것이다. 수많은 책과 컨퍼런스와 사역이 "정의를 행하며 인자를 사랑[하라]"는(미 6:8) 성경의 명령에 유념하도록 그리스도인들을 몰아가고 있다. 이 동향은 정말 고무적이다. 가난한 이들에 대한 배려는 예수 그리스도와 그분을 따르는 자들의 핵심 과업 중 하나이기 때문이다(눅 7:18-23; 요일 3:16-18).

불행하게도 또 다른 동향도 있었다. 그것은 지역 교회에 대한 헌신이 쇠퇴하는 것이다. 이 동향이 널리 퍼져 있지만, 사회 정의에 가장 열정적인 그리스도인들 중에 특히 만연한 것 같다. 지역 교회에 대한 단순히 불만 표출 정도가 아니라 지역 교회를 노골적으로 경멸하기 위해 풀타임으로 가난 완화에 몰두하는 사람들에 대한 이야기가 너무나 흔히 들린다. 이러한 동향은 다양한 측면에서 매우 비극적이다. 우선 가난한 사람들을 도우려는 갱신된 노력들은 실패할 운명이다. 이것은 너무 강한 말이니까 좀 더 설명하도록 하겠다.

가난은 심오하게 복잡한 문제라서 해결하기 쉽지 않다. 내가 『*When Helping Hurts*』(도움이 상처를 줄 때)라는 책에서 주장했듯이, 가난은 하나님, 자아, 타인, 그리고 나머지 피조물들과의 파괴된 관계에 그 뿌리를 둔다. 그러한 관계들이 파괴된 데에는 개인의 죄와 착취적인 사람들과 조직적인 불공정과 마귀적인 힘이 복잡하게 결부되어 있다. 눈에 띄는 것보다 훨씬 더 많은 것들이 작용하고 있으며, 따라서 수프를 배급하고 옷을 나눠주며 식비를 지원하는 것은 비록 그것들이 중요한 활동들일 수 있지만 근본적인 해결책이 되지 못한다. 사실 가난 문제는 워낙 복잡해서 가난을 근절하려면 기적이 필요하다.

복음의 복된 소식은, 왕이신 예수님이 가난의 근간을 이루는 개개인의 죄와 착취하는 사람들과 조직적인 불공정과 마귀적인 힘을 정복하기 위해 자신의 힘과 권세를 사용하시는 것을 내포한다(골 1:15-20). 왕이신 예수님만이 이 모든 일을 하실 수 있다. 따라서 우리 모두를 포함한 가난한 자들은 예수님과 깊이 있는 만남을 필요로 한다. 내가 말하는 "만남"이란 일회성 만남을 가리키지 않는다. 이것은 사람들을 죄로부터 구원하여 새로운 세상으로 인도하는 만남이요, 인격이신 예수 그리스도와의 깊고 유기적인 연결이다. 이 새로운 세상에는 더 이상 착취하는 사람들이나 조직적인 불공정이나 마귀적인 힘이 없고…더 이상 가난도 없을 것이다(요 17:20-23; 엡 1:2-23; 계 21:1-4). 가난한 자들은 왕이신 예수님과 연합될 필요가 있고, 그분은 신비하게 그러나 진실로 교회 안에 임재하신다(엡 1:23).

지역 교회를 떠나서는, 온전한 의미에서 가난을 해결하는 것은 불가능하다.

그러므로 가난을 완화하기 원한다면, 가난한 사람들이 사는 '힘든 곳'에 있는 교회들이 필요하다. 불행하게도 많은 교회들이 가난한 사람들과 멀리 떨어진 곳에 위치하고 있으며, 가난한 사람들과 가까운 곳에 있는 교회들은 종종 효과적인 사역을 위한 준비가 되어 있지 않다. 그래서 이 책이 돕기 위해 나선 것이다.

가난했던 경험 그리고 '힘든 곳'에 있는 교회의 목사로 사역한 개인적인 경험을 바탕으로, 마이크 맥킨리와 메즈 맥코넬은 교회의 보통의 활동들(말씀 설교, 기도, 상호 책임성, 제자화)을 사용하여 가난한 사람들을 왕이신 예수님과 만나게 하여 그들을 변화시키기 위한 실천적인 조언을 제시한다. 이 '보통의' 활동들이 효과가 있는 이유는 하나님께서 그것들이 효과가 있도록 지정해 두셨기 때문이다! 그것들은 왕이신 예수님을 만나 변화되도록 사람들을 이끌고 그 안에서 양육받게 하나님이 지정하신 주요 방편들이다. 이 책의 두 저자는 이 활동들을 주변부로 밀어내지 않고 줄곧 중심 무대에 세우고자 하는 올바른 열정을 보인다.

당신이 이 책의 모든 내용에 다 동의하지는 않을 수도 있다. 사실 어떤 내용은 다르게 말했으면 좋았겠다고 생각할 수도 있다. 하지만 그렇다고 해서 이 책을 접을 필요는 없다. 마이크와 메즈는 하나님 나라의 진전과 가난 완화를 위해 너무나 중요한(그러나 점차 간과되고 있는) 문제를 다루고 있다. 그것은 바로 어떻게 하면 힘든 곳에 번성하는 교회를 개척할 수 있는가 하는 문제이다. 일평생 빈곤 문제에 몰두해 온 나는 이보다 더 시기적절하며 중요한 주제를 생각할 수 없다.

브라이언 피커트
『*When Helping Hurts*』의 공동 저자
커비넌트 대학 챌머스 센터의 설립자이자 대표

머리말

내가(메즈) 15세 때 두 가지 중대한 일이 일어났다. 내 친구 하나가 길거리에서 칼에 찔려 죽었고, 나는 난생처음 교회를 접하게 되었다. 한 지역 교회가 내 친구의 장례를 주관했던 것이다.

그 교회의 건물은 크고 인상적이었다. 그 건물 벽돌의 붉은 색은 병원으로 실려 가는 길에 흘렸던 내 친구의 피처럼 붉었다. 나는 그 교회를 결코 잊지 못할 것이다. 교회로 들어가는 문은 아치형 목재 문이었고, 스테인드글라스로 장식된 창문들 위로는 강철로 된 보강재가 자리잡고 있었다. 교회의 뾰족탑이 머리 위로 어렴풋이 보였다. 그 교회는 공영주택단지(저소득층을 위해 정부가 공급하는 일단의 주택 또는 아파트—편집주) 안에 당당하게 자리잡고 있었고, 칙칙한 회색의 자갈박이 모르타르 발코니가 달린 주택들이 그 주변을 둘러싸고 있었다.

교회는 누군가가 죽을 때에만 문을 열었다. 이제 누군가가 죽었던 것이다. 사람들이 우리 중 누구도 믿지 않았던 하나님께 내 친구를 맡기려고 그의 관을 교회 안으로 운반할 때, 나는 쏟아지는 빗속에서 그 건물 밖에 서 있었다. 그때 이후로 나는 교회들을 죽은 사람과 연결짓게 되었다.

때로 우리는 지역 교회의 목사가 가게로 걸어 들어가는 것을 보면 돌이나 담배꽁초를 그에게 던지곤 했다. 물론 그 목사는 언제나 미소를 지어 보였다. 목사들은 으레 그렇게 하지 않는가? 한 뺨을 맞으면 다른 뺨을 돌려대는 것이 전부이지 않은가? 종교와 교회는 (특히 그 교회는) 우리와 무관했고, 우리는 그 교회를 조롱할 때에만 그 교회에 대해 얘기했다. 교회는 우리가 비를 피해서 담배 피울 곳이 필요할 때에만 쓸모 있었다.

내가 나이를 먹어가면서, 우리가 살던 자그마한 주택단지의 상황은 더 나빠졌다. 1980년대 말과 1990년대 초에, 마약 중독이 우리 모두의 삶을 심각하게 위협하기 시작했다. 사람들의 탐욕이 심해지면서 오랜 세월 같은 지역에서 살면서 쌓아온 우정마저 시들해졌다. 괜찮은 사람들은 죄다 그곳을 떠나려고만 했고, 방치되는 주택들이 점점 더 많아졌다. 꽃과 관목들이 있던 자리는 오토바이와 자동차 부품들이 차지했다. 판자로 막힌 채 늘어선 주택들에는 몰락의 상징인 쓰레기와 잡초와 개의 분뇨가 가득했다.

그러나 그 교회 건물은 언제나 아름답게 손질된 잔디를 지닌 붉고 당당한 모습이었다. 겉보기에 그것은 우리의 무너져가는 삶에 영향받지 않고 그대로인 것 같았다. 그 건물은 언제나 비어 있었고 주변의 무덤들처럼 죽어 있는 듯한 인상을 풍겼지만, 친구들과 내게는 또한 신비한 곳이기도 했다. 여러 해가 지나서 내가 마약 밀매를 하다가 문제에 직면하여 어느 허름한 은신처에서 지내고 있을 때, 나는 8층의 창문 밖으로 그 교회 건물을 내다보곤 했다. 마약으로 몽롱해진 채 나는 하나님에 대해 생각하곤 했다. 과연 그가 존재하실까? 그가 나 같은 사람에게도 관심을 가지실까? 안에는 아무도 없는데 왜 이런 건물이 존재할까? 마치 우리 삶의 처량함을 조롱하기 위해 그 건물이 그곳에 있는 것 같았다. 단지 죽은 자들을 위해 왜 이런 건물을 지었을까 하고 나는 생각했다. 만일 그때 그 지역 교회가 수년 후에 내 생명을 구원해줄 거라고 내게 말해주는 사람이 있었다면, 나는 비웃었을 것이다. 나는 죽어서 관 속에 들어가기 전에는 결코 교회 안에 들어가지 않을 거라고 확신했다. 감사하게도, 내 생각은 틀렸다.

우리는 누구인가?

이 책의 저자인 우리는 복음이 가난하고 궁핍한 사람들을 위한 좋은 소식이라고 성경이 가르침을 믿는다. 또한, 사람들이 어떤 삶의 처지에 놓였든 간에 교회는 모든 곳의 모든 사람을 위해 존재함을 성경이 가르친다고 믿는다. 내 친구의 장례를 주관했던 교회처럼, 지금 많은 교회들이 죽은 상태에 처해 있다. 이것은 참으로 큰 비극이다. 이런 상황에서, 복음에 대해 살아 있는 교회가 가난한 자와 빈털터리와 쪼들리는 자들의 영혼을 얻으려고 추구하는 것은 얼마나 중요한 일인가! 우리가 이 책을 쓴 것은, 서구의 교회들이 바로 근처에서 너무나 흔하게 발견되는 어둡고 방치된 곳들에 빛을 비추는 그들의 역할을 더 잘하게 되기를 바라는 마음에서이다.

　나 자신이 매우 어두운 배경에서 자랐다. 나는 두 살 때 버려졌고 보육원에서 양육되었다. 16세 때는 길거리에서 생활했다. 그러나 하나님은 수감 중인 나를 방문했던 몇몇 그리스도인들의 끈질긴 노력을 통해 나의 굳은 마음을 깨부수셨고 나를 구원하셨다. 나는 1999년 이후로 풀타임 교회 사역을 하는 목사이자 교회개척자로 섬기고 있다. 이 기간 동안에 나는 중산층 침례교회에서 협동목사로, 도심에 위치한 한 복음주의 교회에서 청소년담당 목사로 섬겼고, 길거리 아이들을 위한 자선단체를 설립하였고, 북부 브라질의 극빈 도시 중 하나에서 길거리 아이들을 위한 교회를 개척했다. 그리고 스코틀랜드에서 가장 열악한 주택공급계획지역들 중 한 곳에 위치한 니드리커뮤니티교회(Niddrie Community Church)를 재활성화하는 일을 관장했다. 나는 키가 작고, 자기주장이 강하고, 열정적이며, 이런 유형의 빈민 사역이 스코틀랜드의 주택공급계획지역들과 영국의 나머지 지역에 복제되고 두루 확산되는 것을 보는 데 필사적이다. 나는 아내인 미리암과 너무나 행복한 결혼 생활을 누리고 있고 어린 두 딸이 있다.

주택공급계획지역이란 무엇인가?

스코틀랜드 주택공급계획지역은 미국 이동주택주차구역과 미국 도회지의 저소득층 공영주택단지 그리고 미국 인디언 보호구역 등 과 그 맥을 같이 한다. 이 계획은 원래 (산업혁명 이후 새롭게 등장한) 저 임금 노동계층에게 주택을 공급하기 위해 시작되어 현재까지 많은 빈민가 주택들을 재개발하였다. 오늘날에는 공공 주택과 개인 소유 주택을 혼합한 형태이다.

마이크 맥킨리는 버지니아의 스털링파크침례교회의 담임목사이 다. 나와는 달리, 마이크는 키가 크고 그다지 자기주장이 강하지 않 다(미식축구와 펑크 록 음악에 관한 문제 외에는). 그는 몇 권의 책을 썼고 국제 적인 교회개척 네트워크인 래드스톡 미니스트리즈(Radstock Ministries) 의 이사이기도 하다. 마이크와 그의 아내 카렌은 아주 잘생긴 다섯 아이를 슬하에 두고 있다.

이 책을 함께 쓰는 데 있어 참으로 근사한 일은 우리가 전혀 다른 배경과 사역 경험을 지녔다는 것이다. 마이크의 스털링파크침례교 회는 워싱턴 DC의 부유한 교외 지역에 위치해 있지만, 집 없는 이 웃과 가난한 노동자와 불법 체류자들을 위한 효과적인 사역을 감당 하고 있다. 나는 현재 우리나라의 가장 열악한 주택공급계획지역들 중의 한 곳에 위치한 교회에서 목회하고 있고, 우리 교회의 교회개 척 사역인 20스킴즈(20Schemes)를 통해 몇몇 다른 주택공급계획지역 들에서의 사역을 감독하고 있다. 20스킴즈는 스코틀랜드의 가장 가난한 지역에서 복음적 교회들을 재활성화하고 개척하기 위한 사역 단체이다. 계획대로 잘 진행되면, 우리는 향후 10년 안에 서로 다른 20개 주택공급계획지역들에 교회를 개척할 것이다.

우리가 사역하는 환경은 서로 다르다. 마이크는 다문화적인 환경에서 일하는 반면에, 나는 비교적 단일문화적 환경에서(비록 이 환경도 변하고 있지만) 일한다. 그 밖에도 미국인과 유럽인이라는 문화 차이도 있다. 하지만 우리는 흥미로운 조화를 이룬다.

우리 두 사람 모두, 죽어가는 세상을 위한 좋은 소식인 주 예수 그리스도의 복음에 헌신한다. 또한 우리는 지역 교회에 헌신한다. 지역 교회는 그 복음을 선포하는 강단이자 목소리이며, 회심자들을 위한 제자훈련을 실시하는 곳이고, 교회 권징이나 멤버십에 관한 모든 일들을 실행하는 곳이다. 우리는 지역 교회의 중요성을 믿을 뿐 아니라 우리의 사역을 위해 지역 교회가 필수적임을 역설한다.

'힘든 곳'이란 무엇인가

우리는 이 책의 제목을 **힘든 곳의 지역 교회**(Church in Hard Places)로 정했으며, '힘든'(hard)이라는 말을 심사숙고하여 사용하고 있다. 브라질에서 나는 근근이 생계를 잇기 위해 껌을 파는 다섯 살짜리 아이들과 함께했다. 껌팔이에 실패하면 아이들은 악랄한 어른들에 의해 매춘으로 내던져졌다. 그것은 끔찍한 삶이었고, 지금도 수백 만 명의 아이들이 그런 처지에 놓여 있다. 어떤 면에서 그런 곳은 사역하기 '힘든' 곳이다.

하지만 그것은 일차원적인 평가이다. 내가 이런 얘기를 다른 목사들에게 들려주면, 종종 그들은 내 등을 두드리면서 이렇게 말한다. "잘했어. 친구! 나는 그렇게 못해. 너무 힘들게 보여." 오해하지 말라. 나는 그런 말을 해주는 것에 대해 감사한다. 그리고 가끔 그들이 내 등을 두드려도 나는 기분이 나쁘지 않다. 그러나 여기에는 딜레마가 있다. 어떤 면에서 그것은 전혀 힘들지 않은 일이다. 심지어 나는 가난한 사람들과 더불어 살며 일하는 것이 매우 쉬울 수 있다고 말하곤 한다. 때로 나는 부유한 지역에서 목회하는 친구들에게 이렇게 말하고 싶다. "잘했어. 친구! 자네의 사역이 더 힘들어."

유럽과 미국의 부유한 지역들에서 힘들게 사역하는 목사들의 얘기를 들을 때, 나는 식은땀이 난다. 저마다 상당한 수입이 보장되는 직업과 근사한 주택과 한두 대의 자가용을 지니고 있는 지역에서 당신은 어떻게 전도하겠는가? 종교를 얕잡아보며 과학 안에 모든 답이 있다고 생각하는 세계관의 지적 교만을 당신은 어떻게 깨뜨리겠는가? 평균 주택가격이 40만 달러 이상인 지역에서 당신은 어떻게 복음을 증언하겠는가? 물질만능주의에 마음을 빼앗겨서 자신이 그리스도를 전혀 필요로 하지 않는다고 느끼는 사람에게 당신은 무슨 말을 하겠는가? 바람을 피우거나 아이들을 때리지 않고 저녁에는 소파에 틀어박혀 TV만 보지도 않고 법을 준수하는 근사한 시민들로 가득한 지역에서 당신은 어떻게 사역하겠는가? 그것은 힘든 일이다. 어떤 면에서는 더 힘들다.

현재 내가 목회하는 스코틀랜드의 주택공급계획지역에서는, 일주일 중 어느 때라도 예수님에 대한 대화를 나눌 수 있다. 내가 어떤 사람을 죄인이라고 부르면 그는 기꺼이 동의할 것이다. 가난한 사람들 중에는 무신론자를 찾기 힘들다. 사람들은 가던 길을 멈추고서 얘기를 나눌 시간적 여유가 있다. 그들은 더 강한 지역 공동체 의식을 가지고 있다. 왜냐하면 모두가 서로 가까이 살기 때문이다. 그곳은 이웃 간에 단절된 문화와는 거리가 멀다. 만일 당신이 그들에게 관심을 보이면서 행사를 준비하면, 그들은 당신이 설교할 것임을 알면서도 거기에 참석할 것이다. 물론 참석하지 않는 이들도 많다. 요지는, 복음에 대해 비교적 개방적인 문화 속에서 내가 사역하고 있다는 것이다. 스코틀랜드에서는 제도로서의 교회에 대한 반감이 크다. 그것이 상류층 클럽으로 보이기 때문이다. 따라서 목회의 가장 힘든 부분은 제자화와 권징이다. 사실상 현관 안으로 사람들을 끌어들이는 것이 더 쉽다고 우리는 말할 수 있다. 진짜 문제는 안에 사람들이 들어왔을 때 그 집을 깔끔하게 유지하는 것이다.

이 책의 제목을 『힘든 곳의 지역 교회』로 정한 이유는, 이 제목이 경제적으로나 사회적으로 짓밟힌 사람들에게 다가가는 교회들을 개척하고 재활성화시키며 성장시키는 일에 대해 말하고 있다는 개념을 속히 전달해주기 때문이다. 기독교 사역과 관련하여 우리만 가장 힘든 처지에 놓여 있다고 주장하고 싶은 마음은 전혀 없다. 우리가 누구든, 어느 곳에서 왕이신 예수님을 섬기든, 예수님을 섬기는 공통된 특권 안에서 기뻐하자.

왜 이 책인가

이 책을 통해 힘든 곳에서의 교회 사역이 반드시 필요하다는 우리의 확신을 나누고자 한다. 물론 부유한 곳에도 잃어버린 바 된 사람들이 많고, 우리는 그런 지역에 더 많은 교회들과 더 좋은 교회들이 존재하기를 바란다. 그러나 만일 당신이 미국이나 스코틀랜드의 부유한 곳에서 태어나서 자라고 죽는다면, 당신은 어떤 형태로든 복음 증언을 접할 가능성이 훨씬 더 많을 것이다. 스코틀랜드의 주택 공급계획지역과 미국의 저소득층공영주택단지나 이동주택주차구역은 내가 청소년 때 경험했던 것과 비슷하게 교회를 대하고 있는 사람들로 가득하다. 그들은 교회를 이따금 구호물을 받는 곳으로만 인식하며 생명의 말씀이 있는 곳으로 여기지 않는다. 이런 곳들의 교회는 대개 비어 있다. 비어 있지 않은 경우에는, 교회가 대체로 너무나 건강하지 않아서 그리스도의 대의에 오히려 해를 끼친다. 그런 점은 변해야 한다.

만일 당신이 힘든 곳에 복음 전하는 일을 할 수 있을지에 대해 고민하는 그리스도인이라면, 우리는 이 책이 당신에게 도움이 되길 바란다. 이 책은 그런 지역에 있는 신실한 교회의 평범한 신자들을 통해 주님이 하실 수 있는 일이 무엇인지를 알려주기 때문이다. 만일 당신이 교회의 지도자이고 인근의 힘든 곳에 복음을 전하도록 교인들을 독려하길 원한다면, 이 책은 그 일과 관련하여 '꼭 해야 할 일들'과 '해선 안 되는 일들'을 당신에게 제시할 것이다. 그리고 만일 당신이 가난한 지역 사회에서 새로운 교회를 시작할 생각을 하고 있는 교회 개척자라면, 이 책은 어떻게 시작할지에 대해 그리고 가장 중요한 것이 무엇인지에 대해 유용한 개념을 제시할 것이다. 당신이 누구든, 우리는 당신이 이 책을 읽고 근처 또는 먼 곳에 있는 가난한 사람들을 대상으로 사역하기 위해 당신의 안락함을 기꺼이 희생할 수 있게 고무되길 소망한다.

1부
힘든 곳에서의 복음

1장
가난이란 무엇인가

본서는 가난에 대한 책이 아니다. 존경받을 만한 사회의 주변부에 거하는 사람들, '힘든 곳'에 있는 사람들에게 다가가는 교회들을 시작하고 이끌며 참여하는 일에 관한 책이다. 그리고 가난한 사람들에게 다가가는 교회의 일원이 되는 것에 관한 책이다. 따라서 가난이 무엇을 뜻하는지를 생각하면서 시작하는 것이 좋겠다.

가난은 한마디로 규정하기 쉽지 않다. 우리 교회의 사역 방침에 따라 나(마이크)는 여러 부류의 궁핍한 사람들을 만난다. 인근의 어느 교외 지역에서 우리는 법적으로 정부의 복지 혜택을 받을 수 없는 라틴아메리카 출신 이민자들에게 음식을 제공한다. 다른 교외 지역에서는 노숙자보호소에 기거하고 있는 사람들을 돕는다. 또 다른 곳에서는 사회에서 도태될 잠재적 위험에 처해 있는 고등학생 이민자 십대들을 돕는다. 어떤 이유에서든, 우리는 이들을 '가난하다'고 생각할 것이다. 그러나 이들을 더 알아갈수록 우리는 그들이 경험하는 가난 개념이 복잡함을 알게 된다.

한번은 중앙아메리카의 매우 가난한 지역에서 우리 동네로 최근에 이주해 온 한 사람과 이야기를 나누었다. 그는 그날 하루 종일 굶었다고 통역인을 통해 내게 말했다. 이야기를 나누다보니, 그의 경제적 형편에 대해 그 사람과 내가 매우 다른 견해를 지녔음이 분명해졌다. 내 생각에 그는 24시간 동안 먹지 못하는 최악의 상황에 처해 있었다. 나는 먹을 것이 없어 굶주려본 적이 한 번도 없다. 그러나 그 사람에게는 굶주림이 전혀 특별한 일이 아니었다. 사실 그에게는 본국의 형편이 훨씬 더 심각한 문제였다. 그를 좌절시키는 것은 자신의 생활비를 벌 일자리를 구하지 못하고 있다는 사실이 아니었다. 그는 중앙아메리카에 있는 가족에게 보낼 돈을 벌지 못하고 있다는 사실을 힘들어했다. 물론 그 시간에 그 자신도 어려운 처지에 있었지만, 그는 이제껏 살아오면서 경험한 적 없는 풍성한 물질들에 이제 다가갈 수 있게 된 것을 좋아하고 있었다. 그는 자신을 가난하다고 생각하지 않았다.

반면에, 지역의 노숙자보호소 거주자들은 미국 시민으로서 대체로 영어를 사용하고 미국 문화를 이해하며 정부의 구호 프로그램을 이용할 수 있다. 그들은 그들의 기대보다는 훨씬 낮은 수준으로 살아간다. 그러나 잠시 한 걸음 물러나 생각하면, 당신은 그들을 '가난하다'고 묘사하는 이유에 대해 좀 더 생각할 필요가 있음을 알 수 있다. 어쨌든 그들은 음식과 의료적인 보살핌과 옥내 화장실을 지원받을 수 있다. 그들은 비좁은 숙소에서 잠을 자지만, 그 보호소는 겨울에 따뜻하고 여름에 시원하다. 그들은 케이블 TV와 전등 그리고 지루함을 쫓기 위한 퍼즐을 이용할 수 있다. 만일 뉴델리의 빈민가나 짐바브웨 시골지역에 가보면, 당신은 노던 버지니아 노숙자들의 형편이 그다지 나쁘지 않다고 생각할 수 있을 것이다. 그들의 의식주 상황이 도리어 부러움의 대상이 될 것이다.

그럼에도 불구하고 우리는 미국 노숙자들이 가난하다는 것을 직관적으로 안다. 그 점을 부인하는 것은 돌봄과 도움을 기피하려는 값싼 핑계처럼 들릴 것이다. 가정과 안정적인 직업을 지닌 사람이라면 누가 노숙자들처럼 되기를 바라겠는가? 다만 내 말의 요점은, 가난이란 숫자나 돈의 액수 등 피상적인 것으로 산정될 수 있는 그무엇보다 더 복잡하다는 것이다.

가난이란 무엇인가

가난에 대해 생각할 때, 서구인들은 보통 물질을 손에 넣을 수 있느냐는 측면에서 생각한다. 소위 '빈곤선'(poverty line)이라는 말이 있다. 이것은 가난한 사람이 누구인지를 정부에서 결정할 때 기준이되는 소득 경계선이다. 정치인들과 언론인들은 좋은 교육, 건강한음식, 적절한 주택, 충분한 의료적인 보살핌 등을 누리지 못하는 사람들의 가난 정도를 다양한 방법으로 측정한다. 가난한 사람들의필요에 대한 공적 논의는 대체로 그들이 결핍한 것들을 가질 수 있게 돕는 가장 좋은 방법에 대한 얘기들로 채워지는 것이 보통이다.

「도움이 상처를 줄 때」(When Helping Hurts)라는 탁월한 책에서, 공동 저자인 스티브 코벳(Steve Corbett)과 브라이언 피커트(Brian Fikkert)는 가난이란 과연 무엇인지 가난한 사람들에게 직접 물어본 세계은행의 연구조사를 분석한다. 그들이 발견한 바에 따르면, 가난한 사람들이 자신의 가난에 대해 갖는 생각은 그들의 물질적 결핍보다 훨씬 더 깊은 경우가 많다. 그들은 무기력, 절망감, 의미상실, 그리고 수치스러움 등에 대해 언급한다.[1] 단지 재원을 공급하는 것으로는 그들이 경험하는 더 깊은 가난을 전혀 완화시키지 못할 것이다.

메즈가 사역하는 에든버러의 주택공급계획지역에 거주하는 사람들을 예로 들어보자. 정부 지원의 혜택으로 그들은 의료적인 보살핌, 주택, 교육, 그리고 가족을 먹일 음식을 얻을 수 있다. 하지만 오랜 패턴으로 자리잡은 마약 중독과 알코올 중독과 각종 범죄와 가정파탄은 그들을 가난의 악순환에서 벗어나지 못하게 한다. 그들에게 필요한 것은 빵이 아니라 새로운 삶의 방식이다.

이 때문에, 궁핍한 사람들에게 물질을 지원하는 것에 그치는 교회는 더 깊은 차원에서 그들에게 사역할 기회를 잃고 있는 것이라고 우리는 확신한다. 음식과 거처는 물론 중요하다. 선한 사마리아인의 비유의 핵심은 여전히 의미심장하다. 궁핍한 사람에게 무관심

---

1) *When Helping Hurts: How to Alleviate Poverty without Hurting the Poor . . . and Yourself* (Chicago: Moody, 2009), 49-52.

한 것은 그리스도인답지 않다. 그러나 물질적 공급과 기술 훈련만으로 가난한 사람들에게 필요한 모든 것을 충족시킬 수는 없다.

지역 교회는 궁핍에 처한 사람들에게 예수 그리스도의 복음을 전해야 한다. 복음은 가난에 대한 해결책이 아니다. 적어도 이 땅의 삶에서 가난한 사람들이 직면하는 수많은 문제들을 모두 해결하며 제거한다는 의미에서의 해결책은 아니다. 하지만 복음은 개인적인 죄의 복잡한 패턴들과 가난을 구성하는 구조적인 문제들에 사로잡힌 사람들을 향한 하나님의 메시지이다.

이 땅에서는 그런 문제들이 결코 사라지지 않겠지만(요 12:8), 복음은 죄인들을 구원하기 위해 자기 아들을 아끼지 않고 내어주신 자애로우신 하나님에 대한 소식을 가지고 가난한 사람들에게 다가간다. 복음은 우리를 변화시키고 거룩하게 하며 오래된 자기파멸의 패턴을 깨뜨리시는 성령의 능력에 대한 약속을 가지고 가난한 이들에게 다가간다. 복음은 선조들로부터 대물림된 허망한 생활방식에 대해 회개하라고 촉구하면서 가난한 이들에게 다가간다(벧전 1:18). 복음은 비록 경제적 환경이 여전할지라도 엄청나게 부유할 수 있다는 메시지로 가난한 이들에게 다가간다(계 2:9). 복음은 새로워지고 질병과 가난과 두려움이 사라질 새로운 세상에 대한 소망의 메시지로 가난한 이들에게 다가간다(계 21:4). 가난한 이들에게 가장 필요한 것은 복음 메시지임을 우리는 확신한다. 다른 것들도 매우 중요할 수 있지만, 그것들은 여전히 부차적이다.

세 개의 기둥들

이 책을 건물에 비유한다면, 복음의 근본적 필요성에 대한 우리의 확신은 건물의 기초에 해당할 것이다. 이 기초에 더하여, 건물을 지탱하는 기둥 역할을 하는 세 개의 신념이 있다.

1. 복음은 확산될 것이다

첫째, **복음은 확산되어야 하는 메시지이다.** 신약성경은 복음 메시지가 세상에 전해질 때 강력한 원심력을 발휘함을 거듭 보여준다. 사도행전 1장 8절에 나오는 주님의 말씀이 실현되어, 그분의 죽으심과 부활에 대한 메시지가 예루살렘을 중심으로 해서 유대와 사마리아를 거쳐 마침내 온 세계로 확산되었다. 복음의 외적 확산이 너무나 급속하고 극적이었기 때문에, 그리스도께서 부활하신 지 불과 30년도 지나지 않아서 시리아, 그리스, 이탈리아, 이집트, 북아프리카, 페르시아와 같은 먼 지역에 사는 사람들이 예수님을 믿게 되었다. 이 때문에 바울은 골로새 교회에게 "너희가 전에 복음 진리의 말씀을 들은 것이라. 이 복음이 이미 너희에게 이르매 너희가 듣고 참으로 하나님의 은혜를 깨달은 날부터 너희 중에서와 같이 또한 온 천하에서도 열매를 맺어 자라는도다"라고 말할 수 있었다 (골 1:5-6).

이것이 사도행전에 나오는 이야기이다. 거기서 누가는 어떻게 성령의 능력이 중심으로부터 밖으로 복음을 확산시켰는지를 알려준다. 기독교 메시지는 예루살렘이라는 도시, 이스라엘이라는 나라, 중동이라는 지역에만 한정되어 있을 수 없다. 온 세계로 확산되어야 한다. 스코틀랜드와 미국 출신의 두 백인이 이 책을 쓰고 있다는 것이 바로 그 증거이다. 당신이 예루살렘이 아닌 다른 곳에 살고 있는 그리스도인이라는 사실이 그 증거이다. 복음은 모든 민족에게 전해져야 한다(마 28:18-20).

2. 복음은 가난한 이들에게 확산될 것이다

둘째, 성경은 복음이 만민에게 전해져야 한다고 말씀하지만, **우리는 특히 가난한 이들 중에 복음이 확산되는 것을 볼 것을 기대해야 한다.** 이것은 역사적 사실이자 신학적 원칙이다. 물론 부유하고 힘 있는 초기 회심자들이 있었다(데오빌로와 루디아를 생각해볼 수 있다. 또한 빌립보서 4장 22절을 보라). 야고보는 회중 가운데 부자들이 있음을 언급했다(약 2:2). 그러나 대체로 교회는 주로 문화적 엘리트층에 들지 못하는 사람들에게로 확장되었던 것으로 보인다. 예루살렘에 기근이 닥쳤을 때, 그곳의 교회는 스스로 생존할 수 있는 재원이 부족했다. 또한 마게도냐의 교회들은 예루살렘의 형제자매들을 위해 "극심한 가난" 중에서 모금했다(고후 8:2). 고린도전서에는, "형제들아 너희를 부르심을 보라. 육체를 따라 지혜로운 자가 많지 아니하며 능한 자가 많지 아니하며 문벌 좋은 자가 많지 아니하도다"(고전 1:26)라는 구절이 나온다.

가난한 자들에게 이처럼 복음이 확산된 것은 역사의 우연도 아니며 사회적 힘의 강력한 작용 때문도 아니었다. 그것은 가난한 사람들이 소망의 메시지를 쉽게 받아들일 수 있게 환경적으로 영향을 받았다는 말로 간단히 설명될 수 있는 것이 아니다. 성경은 기독교의 메시지가 궁핍한 이들 가운데 자리잡은 배후에는 하나님의 의도적인 선택이 존재함을 알려준다. "내 사랑하는 형제들아 들을지어다. 하나님이 세상에서 가난한 자를 택하사 믿음에 부요하게 하시고 또 자기를 사랑하는 자들에게 약속하신 나라를 상속으로 받게 하지 아니하셨느냐"(약 2:5)라고 야고보는 말했다.

하나님은 자신의 영광을 드러내는 일에 열정적이시다. 만일 하나님이 그분의 구원을 주로 힘 있고 부유한 이들과 아름다운 이들에게 나눠주신다면, 마치 받을 자격이 있는 이들에게 구원을 베풀고 계시는 것 같은 인상을 줄 것이다. 그러나 아무것도 갚을 수 없는 이들에게 은총을 베푸심으로써, 하나님은 자신의 위대함을 보이시고 세상의 방식에 익숙한 이들을 어리둥절하게 하신다. 또한 바울은 고린도인들에게 "그러나 하나님께서 세상의 미련한 것들을 택하사 지혜 있는 자들을 부끄럽게 하려 하시고 세상의 약한 것들을 택하사 강한 것들을 부끄럽게 하려 하시며 하나님께서 세상의 천한 것들과 멸시 받는 것들과 없는 것들을 택하사 있는 것들을 폐하려 하시나니 이는 아무 육체도 하나님 앞에서 자랑하지 못하게 하려 하심이라"(고전 1:27-29)라고 말했다.

3. 복음은 지역 교회를 통해 확산될 것이다

이 책을 떠받치는 세 번째 기둥은, **하나님이 복음의 확산을 위해 보통 사용하시는 방편은 지역 교회의 확산이라는 것이다.** 교회는 하나님의 구원 계획의 중심에 위치한다. 하나님의 사랑은 고립된 다수의 개인들 위에 머물지 않으며, "하나님의 백성"이라 불리는 일단의 무리를 불러내고 창조한다(벧전 2:9-10). 만일 교회가 하나님의 목적의 중심에 놓여 있다면, 지역 회중은 선교 실천의 중심에 있어야 한다. 이는 개인들이 지역 회중과 연결되지 않고서도 복음을 전할 수 있음을 부인하는 것이 아니다. 다만 우리는 그런 복음전도가 정상적 모습이 아님을 지적하고 있다.

하나님은 교회가 구원의 메시지를 세상에 전하는 매개체 역할을 하도록 계획하셨다. 지역 교회는 매주 하나님 말씀을 가르쳐서 신자들을 제자화하고 불신자들에게 복음을 전한다. 교회는 선교사를 파송하며, 복음이 아직 증거되지 않은 곳에 복음을 가져가 선포하기 위해 새로운 교회들을 개척한다.

또한 중요한 사실은, 교회가 단지 예수님에 관한 메시지를 전하는 장소 이상의 의미를 갖는다는 점이다. 교회는 그 자체로서 자신이 선포하는 복음을 드러내 보여주는 기관이다. 지역 교회의 존재 자체가 복음의 능력과 실재를 가리킨다. 그렇게 함으로써 복음 메시지에 신빙성을 더한다. 선교학자 레슬리 뉴비긴(Lesslie Newbigin)의 말을 빌리면, 회중은 복음의 해석이다.[2] 세상 사람들은 교회를 통해 복음 메시지를 이해하게 된다.

지역 교회는 하나님께 그리고 (놀랍게도) 서로에게 화목해진 사람들의 공동체이다. 유대인과 이방인, 그리고 과거에 원수되었던 사람들이 교회 안에서 함께함으로써 하나님의 지혜와 영광을 세상에 드러낸다. 이 사실을 고찰하고서 바울은 에베소서 3장 8-10절에서 이렇게 말한다. "모든 성도 중에 지극히 작은 자보다 더 작은 나에게 이 은혜를 주신 것은 측량할 수 없는 그리스도의 풍성함을 이방인에게 전하게 하시고 영원부터 만물을 창조하신 하나님 속에 감추어졌던 비밀의 경륜이 어떠한 것을 드러내게 하려 하심이라. 이는 이제 교회로 말미암아 하늘에 있는 통치자들과 권세들에게 하나님의 각종 지혜를 알게 하려 하심이니."

온 우주가 어떻게 하나님의 지혜를 알게 될까? 지역 교회의 존재를 통해 알게 될 것이다. 세상 사람들이 이해할 수 없는 방식으로 서로 사랑하는 교인들을 통해 복음이 진실임이 가시적으로 드러난다. 교인들이 자신의 돈과 시간과 삶을 복음 확산을 위해 사용할 때, 그들은 하나님 없는 삶의 절망적인 허망함에서 벗어난 변화된 삶이 어떤 것인지를 보여준다. 교회는 복음을 선포할 뿐만 아니라 삶을 변화시키는 복음 진리를 지역 사회에 삶으로 보여준다. 교회는 복음을 실제로 보여준다.

하나님이 지역 교회에게 명령하신 독특한 방식은 실제로 복음 확산을 독려한다. 말하자면, 하나님은 특별히 교회를 세우사 그분의

---

2) *The Gospel in a Pluralist Society* (Grand Rapids, MI: Eerdmans, 1989), 222.

구원의 메시지를 전함으로써 그분께 영광 돌리는 과업을 수행하게 하셨다. 우리는 이를 교회의 리더십 구조에서 본다. 승천하신 예수님은 각 회중에게 직분자들을 주신 것은 "성도를 온전하게 하여 봉사의 일을 하게 하여 그리스도의 몸을 세우려 하심이다(엡 4:12; 또한 4:11-16을 보라).

그러므로 어떤 의미에서 교회는 주변 세상에 복음을 전하도록 지도자들을 통해 구비되는 신자들의 모임이다. 교회의 지도자들이(바울의 분류에 따르면, 사도, 선지자, 복음 전하는 자, 목자, 교사) 회중을 위해 세워진 것은 사역을 위해 성도를 구비시키기 위함이다. 메즈와 내가 목사로서 행하는 일의 많은 부분이 바로 이것이며, 또한 이것은 우리 교회의 다른 모든 장로들의 책무이기도 하다.

또한 성령님은 그리스도의 몸을 세우기 위해 교회에 내주하시며 은사들을 나누어 주신다. 성령님은 교회가 세상에서 사역을 감당하기 위해 필요한 다양한 은사들을 지역 교회에게 주셨다. 교회의 멤버들이 성령의 능력 안에서 그 은사들을 신실하게 발휘할 때 비로소 교회는 많은 임무를 완수하게 될 것이다.

복음전도 임무에 대해 생각해보라. 많은 그리스도인들이 이 임무로 인해 걱정하며 죄책감을 느낀다. 그들은 다른 이들에게 예수님을 전해야 함을 알지만 자신이 그 일에 능숙하지 못하다고 느낀다. 그래서 그 일을 회피한다. 하지만 네 명의 그리스도인을 택해서 좋은 소식을 전하는 임무를 맡긴다고 가정해보자.

• 앨런은 외향적인 사람이다. 사람들을 만나고 친분 맺는 일을

잘한다. 하지만 그는 자신의 믿음을 분명하게 나누는 일에 서툴다. 신앙에 관한 질문에 대답하거나 그리스도를 위해 변호하는 일에 능숙하지 않다.

- 칼라는 대접을 잘한다. 그녀는 자신의 집에 사람들을 정기적으로 초대하며 그들로 하여금 사랑받는 편안한 느낌을 갖게 한다. 하지만 깊은 대화를 나누는 일에는 서툴다.
- 라울은 진정으로 기도의 용사이다. 그는 잃어버린 사람들에게 자비를 베푸시기를 주님께 간구하면서 장시간 동안 계속 기도하기를 좋아한다.
- 나오미는 내성적이다. 친구를 빨리 사귀지 못하지만, 누군가가 그녀를 소개해주고 서먹서먹한 분위기를 깨주면 그녀는 그리스도를 분명하고 효과적으로 잘 전한다.

이들 네 명이 각기 혼자서는 어떤 사람에게 이른 시간내에 복음을 전하기 힘들 것이다. 그러나 만일 교회에서 그들을 함께 묶어 주어 공동체적 삶을 살게 해준다면, 그들이 가진 여러 은사들이 섞이고 힘이 합쳐져서 매우 강한 팀이 될 수 있다.[3]

신약성경은 이 은사들이 지역 교회를 위해 주어졌고 또한 지역 교회를 통해 활용될 것이라고 알려준다. 많은 전도 활동이 교회의

3] Tim Chester and Steve Timmis make this point well in *Total Church* (Wheaton, IL: Crossway, 2008), 59 – 60.

다른 멤버들과 협력하여 전개될 수 있으며, 혼자서 하는 전도도 지역 교회의 지원과 관심과 기도와 격려 없이 진행되어선 안 된다. 또한 그리스도께 인도함 받은 사람들은 지역 회중의 삶 속으로 반드시 통합되어야 한다. 그 안에서 그들은 공동체의 삶에 합류하면서 그리스도 안에서 성숙해지는 데 도움을 받을 것이다.

종합하기

종합해보자. 만일 가난하고 보잘것없는 사람들이 하나님의 사랑과 구원을 받는 것이 그분의 뜻이라면, 그리고 가난한 사람들에게 그 사랑과 구원의 메시지가 전해지는 것이 대체로 지역 교회의 증언을 통해서라면, 기독교 교회들은 가난한 지역에 다가갈 교회들을 세우는 일에 투자해야 할 것이다. 현재 교회가 없는 곳에서 새 교회를 시작해야 할 수 있다. 궁핍한 지역에 있는 건강하지 못한 교회를 소생시키기 위해 노력해야 할 수도 있다. 혹은 건강한 교회가 가난한 이들에게 복음을 전할 책임을 감당하도록 유도해야 할 수도 있다. 이 책이 다루는 내용이 바로 이것이다. 염려컨대, 복음 증언이 가장 필요한 곳보다는 가장 성공할(여기서 성공이란 재정적 독립을 갖춘 조직화된 교회를 세우는 것을 가리킴) 가능성이 많은 곳을 찾는 교회 지도자들이 너무 많다.

　여기서 우리는 어느 곳에 노력을 투자할 것인지에 대해 한가지 주장만 고집하는 것이 아니다. 메즈와 나는 매우 다양한 환경에서 사역한다. 메즈는 공영주택단지에서 교회를 개척하도록 사람들을 동원하며 훈련하는 일에 열정적이다. 나는 노던 버지니아에 있는 라틴 아메리카 사람들에게 다가가는 일에 열정적이다. 우리는 특정한 지역에서 행해야 하는 모든 일들에 대해 전문가인 체하지 않는다. 다만 우리는 가난하고 궁핍한 사람들에게 다가가는 교회에 대해 어느 정도의 실전 경험을 지니고 있다. 이 경험은 많은 실수를 막아주는 역할을 한다. 따라서 우리의 경험과 의견을 함께 나눔으로써 당신도 힘든 곳이나 주변의 가난한 사람들에게 다가가는 교회들에서 일하려는 도전을 받을 수 있게 하는 것이 우리의 소망이다.

2장
그들은 어떤 복음을 필요로 하는가

브라질에서 교회를 개척하던 때로부터 에든버러에서 일하고 있는 현재까지, 나(메즈)는 많은 단기 선교팀들의 방문을 받아 왔다. 그들의 도움에는 감사하지만, 영국과 미국에서 방문하는 많은 팀들이 예수님을 사랑하는 마음과 선한 의도를 갖고 페인트 솔이나 망치를 들고서 찾아오지만 정작 그들이 선포하러 오고 있다고 생각하는 복음 메시지는 제대로 이해하지 못하는 것을 많이 보았다.

많은 청소년들이 복음을 인간 중심의 이야기로 즉 그들의 자기 가치(self-worth)에 관한 이야기로 이해하고 그렇게 제시한다. 예수님의 사랑이나 그분이 십자가에서 죽으신 사실 정도는 알아도, 복음 메시지를 포괄적으로 균형 있게 선언하지는 못한다. 역사상 가장 위대한 소식이, 종교 용어와 유행하는 심리학 용어로 포장된 자조(自助)적 메시지 수준으로 천박하게 전락한 것 같은 느낌이다.

한번 생각해보라. 그나마 열심 있는 그리스도인들인 단기 선교팀들이 그러하다면, 다른 교인들은 얼마나 더 그러하겠는가!

문제가 너무 악화되었기 때문에, 이제 우리 니드리커뮤니티교회에서는 **방문하는 단기 선교팀들**에게 '복음이란 무엇인가'와 '어떻게 증언할 것인가'라는 과목을 가르친다! 우리는 단지, 소위 그리스도인이라는 사람들 모두가 복음을 조리 있게 이해하며 전한다고 가정할 수 없을 뿐이다. 사람들이 많은 돈을 써서 먼 거리를 여행하여 복음 메시지 전하는 일을 돕기 위해 찾아오지만, 정작 그들 자신조차 복음의 메시지를 제대로 이해하지 못하고 있다는 사실은 사뭇 역설적이며 다소 서글프기까지 하다.

그렇다면 복음이란 정확히 무엇인가? 이것은 너무나 간단하고 어떻게 생각하면 필요 없는 질문처럼 들릴 수 있다. 가난한 사람들을 도울 생각을 하고 있는 당신은 필시 자신을 성숙한 신자로 여길 것이다. 그러나 경험상 우리는 무엇이든 당연시해선 안 된다는 것을 알고 있다. 많은 사람들은 자신이 복음 메시지를 잘 안다고 생각하면서 빈민지역 사역에 임하지만, 실제로는 그렇지 않다. 당신이 가난한 사람들을 위해(다른 모든 이들을 위해서도 마찬가지이다!) 사역할 때 메시지를 제대로 숙지하는지의 여부가 그 사역에 큰 영향을 미친다. 그릇되거나 불완전한 복음은 마치 위약(僞藥)과 같다. 그것은 환자를 속여서 좋아질 거라는 생각을 갖게 할 수는 있지만, 치유력은 없다.

하나님, 사람, 그리스도, 반응

복음은 가장 명석한 학자의 마음도 사로잡을 수 있을 정도로 심오하고 탁월하지만, 어린아이도 이해하고 믿을 수 있을 정도로 단순하기도 하다. 복음 메시지는 무한히 깊고 넓지만, 우리는 그것을 네 가지 항목으로 요약할 수 있다.[1]

1. 하나님

하나님은 무한하시고, 영원하시며, 거룩하신 만유의 창조주이시다. 오직 그분만이 모든 찬양과 영예와 영광을 받기에 합당하시다. 그분의 눈은 너무나 정결하셔서 악을 차마 보지 못하시며(합 1:13), 그분은 죄를 반드시 벌하신다(출 34:7).

"여호와께서 다스리시니 만민이 떨 것이요 여호와께서 그룹 사이에 좌정하시니 땅이 흔들릴 것이로다. 시온에 계시는 여호와는 위대하시고 모든 민족보다 높으시도다. 주의 크고 두려운 이름을 찬송할지니 그는 거룩하심이로다. 능력 있는 왕은 정의를 사랑하느니라. 주께서 공의를 견고하게 세우시고 주께서 야곱에게 정의와 공의를 행하시나이다. 너희는 여호와 우리 하나님을 높여 그의 발등

---

1) For a fuller treatment of the message of the gospel, see Greg Gilbert's *What Is the Gospel?* (Wheaton, IL: Crossway, 2010).

상 앞에서 경배할지어다. 그는 거룩하시도다"(시 99:1-5).

2. 사람

하나님은 자신의 형상대로 남자와 여자를 지으셨다. 인류의 가장 큰 창조 목적은 하나님의 성품을 반영하며 기쁘게 순종하는 예배의 삶을 통해 하나님을 영화롭게 하는 것이었다. 하지만 모든 인류는 아담 안에서 타락했고(롬 5:12), 모든 사람은 창조주를 의도적으로 반역함으로써 첫 선조의 결정을 답습한다(롬 3:9-18).

많은 사람들은 죄와 관련하여 나름대로의 기준을 지니고 있다. 그들은 다른 사람들을 해치거나 심각한 죄를 짓지 않는 한 괜찮을 거라고 생각한다. 하지만 그 생각은 틀렸다. 성경은 우리가 깨끗한 상태로 출발한 후 자신이 행한 바에 따라 심판받는 것이 아님을 분명히 밝힌다. 우리 모두는 유죄 상태로 출발한다. 자신이 선하다고 생각하든 선하지 않다고 생각하든, 우리는 이미 정죄되었다.

"그는 허물과 죄로 죽었던 너희를 살리셨도다. 그 때에 너희는 그 가운데서 행하여 이 세상 풍조를 따르고 공중의 권세 잡은 자를 따랐으니 곧 지금 불순종의 아들들 가운데서 역사하는 영이라. 전에는 우리도 다 그 가운데서 우리 육체의 욕심을 따라 지내며 육체와 마음의 원하는 것을 하여 다른 이들과 같이 본질상 진노의 자녀이었더니"(엡 2:1-3).

3. 그리스도

하나님 아버지께서 우리를 구원하시기 위해 그의 아들을 보내사 육신을 입게 하셨다. 예수님은 하나님께 완벽하게 순종하는 삶을 사셨고 자기 백성의 죄를 담당하기 위해 희생제물이 되어 생명을 스스로 버리셨다. 예수님은 십자가에서 그들의 죄책과 징벌을 대신 담당하셨고 그들을 위하여 저주를 당하기까지 하셨다(갈 3:13; 벧전 2:24; 3:18). 십자가 처형을 당한 지 사흘 후에 예수님은 죄와 죽음을 이기고 죽은 자들 가운데서 다시 살아나셨고, 세상을 심판하며 만물을 새롭게 하기 위해 재림할 것을 약속하셨다.

"내가 받은 것을 먼저 너희에게 전하였노니 이는 성경대로 그리스도께서 우리 죄를 위하여 죽으시고 장사 지낸 바 되셨다가 성경대로 사흘 만에 다시 살아나사"(고전 15:3-4).

4. 반응

죄인들은 자신의 선행으로 죄 사함 받을 것을 소망할 수 없다. 하나님은 모든 사람더러 자신의 죄에서 돌이키고 예수님을 의지할 것을 명하신다(행 17:30; 20:21). 예수님을 따르려면 한때 자신이 사랑했던 대상들을 거부할 필요가 있다(눅 14:33).

"무리와 제자들을 불러 이르시되 누구든지 나를 따라오려거든 자기를 부인하고 자기 십자가를 지고 나를 따를 것이니라. 누구든지 자기 목숨을 구원하고자 하면 잃을 것이요 누구든지 나와 복음을 위하여 자기 목숨을 잃으면 구원하리라"(막 8:34-35).

복음 적용

앞에서는 복음 메시지의 개요를 살펴보았다. 하지만 이것은 학구적인 작업이 아니다. 복음을 올바로 이해하는 것은 단지 신학적 정확성을 기하는 문제가 아니다. 그것은 궁핍한 사람들을 위한 사역의 실천적 현실과 관련되어 있다. 우리가 메시지를 올바로 이해하지 못하면, 복음 사역은 있을 수 없고 궁극적으로는 죄 아래 신음하는 자들을 위한 소망도 있을 수 없다.

앞서 언급한 복음 메시지의 각 항목은 스코틀랜드의 주택공급계획지역들에 거주하는 사람들이 꼭 들어야 할 내용이다. 사실 이것은 모든 사람들이 들어야 할 메시지이다. 하지만 많은 선의의 그리스도인들이 궁핍한 사람들을 도울 때는 어떤 다른 접근법이 필요하다고 생각하는 오류에 빠져 있다.

그러나 복음의 네 가지 항목을 이해하지 못하는 것이 궁핍한 사람들의 근본적인 문제이다. 이들 네 가지 요점을 다시 살펴보면서, 그것들이 궁핍하고 상한 사람들의 삶에 어떻게 연관되는지 주목해 보자.

1. 하나님

라치(Lachie)는 30대 후반이며 가정에서 기독교를 경험한 적이 없다. 그는 위탁가정에서 자랐는데, 위탁가정 시스템은 수십 년 동안 제도적으로 개혁되어 왔으나 아직 그리 성공적이지 못하다. 그는 어려서부터 낮 시간 TV 토크쇼와 역사 채널 다큐멘터리와 약간의 심령술 얘기, 그리고 인생의 의미에 관한 이런저런 음모론들에 노출되면서 자랐다. 라치는 하나님에 대해 얘기하는 것을 좋아하지만, 그런 얘기는 대체로 술에 얼큰히 취했을 때 한다.

제정신일 때 그는 하나님이 존재하시는지에 대해 확신을 표하지 않는다. 어쨌든 그는 과학이 하나님의 존재를 부정한다고 생각한다. 과학의 그런 점에 대해 그에게 구체적으로 질문하면, 그는 확신 있게 대답하지 않는다. 하지만 그는 진화론이나 빅뱅 이론을 신뢰한다.

그러나 라치가 확실히 아는 것 한 가지는, 만일 하나님이 계시다면 자신 같은 사람들에게 관심을 두지 않으신다는 것이다. 그는 자신의 삶이 그 사실을 입증해준다고 생각한다. 만일 하나님이 계시다면, 고통이나 나쁜 일들을 우리에게 허용하지 않으셔야 한다고 생각한다. 만일 하나님이 계시다면, 자신은 그저 현재의 순간을 살아가고 나중에 하나님이 용서해주실 것을 신뢰하는 것이 바랄 수 있는 최선이라고 생각한다. 라치의 생각은 이런 식이다.

나는 브라질의 길거리 아이들을 위해 그리고 스코틀랜드의 주택 공급계획지역 거주자들을 위해 일해 왔다. 내 경험상으로, 하나님에 관한 그들의 생각은 매우 유사하다. 두 그룹들 모두 초자연적 세계관을 천부적으로 지니고 있다. 그들은 어떤 형태의 초자연적 실체(또는 '신')가 존재함을 믿는 데 어려움을 느끼지 않는다. 그렇다고 해서 오해하지 말라. 그들이 하나님과의 관계를 갈망하는 건 아니다. 사도 바울은 "육신의 생각은 하나님과 원수가 되나니"(롬 8:7)라고 분명히 밝힌다. 하지만 주택공급계획지역이나 브라질의 거리에는 지적 확신을 갖춘 무신론자들은 많지 않다.

사람들이 하나님을 믿지 않는 것이 문제가 아니다. 문제는 그들이 **어떤 신을** 믿느냐 하는 것이다.

- 그들은 하나님을 자신들과 **무관하신** 분으로 본다. 하나님은 사람의 일상생활과 전혀 연결되어 있지 않으시다. 하나님은 결혼식이나 세례식(또는 침례식)[2]이나 장례식에만 필요한 분이시다. 다른 것에는 전혀 관여하지 않으신다.

---

2) 편집주-본서에서는 영어의 "baptize"나 "baptism"을 번역할 때 "세례(또는 침례)"와 같이 병기하여 표기하였다. 영어에서는 교파 불문 하나의 단어만 사용되지만 한국어에서는 대응하는 두 개의 단어가 있으며, 두 단어의 어감의 차이도 있고, 교파에 따라 주로 사용하는 단어도 서로 다르다. 본서의 저자들은 침례교 목사이다. 하지만, 본서에서 해당 단어가 사용된 맥락이나 저자의 저술 의도를 살펴보건대, 다른 교파의 지역 교회의 맥락에도 본서의 내용이 적용되도록 해당 단어가 사용된 경우가 대부분으로 보인다. 따라서 번역시 세례와 침례를 병기하였다. 또한 침례라는 단어를 괄호 안에 표기하고 세례라는 단어를 괄호 밖에 표기한 이유는 본 출판사의 어떤 신학적 선호의 결과가 아니며, 다만 현재 한국에서의 단어 용례상 세례가 포괄적 통칭으로 사용되는 것이 상당 부분 관찰되며 더 많은 독자들에게 더 익숙한 단어이기 때문이다. 아무쪼록 해당 용어가 침례교의 침례에 한정되는지, 그렇지 않고 통칭으로 사용되었는지 등의 판단은 번역시 단어 선택을 통해 제공하지 않고 독자의 판단에 맡기는 바이다.

- 그들은 하나님을 **무관심하신 분**으로 본다. 이론적으로 이 신은 그들을 도우실 수 있지만, 단지 그 일에 관심이 없을 뿐이다. 그들은 진정한 의미에서 하나님이 '알려지시는' 것은 불가능하다고 본다. 그들은 하나님이(그리고 교회가) 특출한 사람들에게만 관심을 보이신다고 생각한다.
- 그들은 하나님을 **관대하신** 분으로 본다. 주택공급계획지역에 거주하는 보통 사람들은 하나님을 거룩하신 분으로 여기지 않는다. 그분은 죄를 미워하지 않으신다. 그분은 좋은 분으로 남아 있어야 한다. 그래서 우리는 하나님이 마지막 날에 심판을 면제해주실 것을 확신할 수 있다. 사실이 그러하다면, 왜 오늘 그분께 순종하기 위해 애써야 하겠는가? 최소한, 하나님을 기쁘시게 하는 삶을 살기 위해 아등바등할 필요는 없을 것이다.

하나님에 대한 너무나 많은 그릇된 개념들 때문에, 우리가 가난한 사람들 가운데서 하나님의 성품을 선포하는 것은 반드시 필요하다. 우리는 거룩하신 하나님을 제시하고, 그들에게 책임을 물으시는 하나님을 전해야 한다. 이런 메시지는 도덕적 자유방임으로 특징지워지는 그들의 삶에 대한 직접적인 공격이다. 또한 우리는 우리에게 알려지실 수 있는 하나님을 제시하고, 죄악된 인생들에게 그리스도 안에서 자신을 완벽하게 계시하신 하나님을 전해야 한다. 이러한 메시지는 사람들의 그릇된 생각에 경종을 울린다. 이러한 하나님은 우리의 섬김을 받으시기에 합당하시다. 이러한 하나님을 바르게 알 때, 자아 대신에 하나님을 섬기고 예배하게 될 것이다. 이 하나님을 알고 그분에게 알려진 바 될 때, 우리의 삶은 목적 있는 삶이 되고 확신에 찬 삶이 될 것이다.

롭(Rob)은 40대로서, 헤로인 중독자요 상습 범죄자요 절도범이었던 과거를 갖고 있다. 그는 결과를 전혀 생각하지 않고서 자신이 하고 싶은 대로 했다. 훔치고, 거짓말하며, 마음대로 사람들을 해쳤다. 그의 사고 안에는 하나님도 없고 삶의 목적도 없었다. 그에게 있어 삶이란 적자생존일 따름이었다.

어느 날 롭은 하나님에 대해 들었고, 그의 눈이 열려 하나님의 성품을 보게 되었다. 즉 하나님의 무한하신 거룩성과 완벽하신 사랑과 죄인들을 향한 하나님의 확고한 진노를 알게 된 것이다. 이제 그는 자신의 창조주이자 심판주이신 분께 복종한다. 이제 그는 자신에 대한 하나님의 자애로우신 관심과 개인적인 돌봄이 그분의 거룩하심과 조화를 이룬다는 점을 이해한다. 그 결과, 롭은 이제 더 이상 대본 없는 이야기 속의 무의미한 인간처럼 방황하지 않는다. 그는 목적과 소망과 방향을 지니고 살아간다. 더 이상 범죄를 저지르지 않는다. 더 이상 자녀들을 내팽개치지 않는다. 이제 그는 천부께서 자신을 사랑하고 돌보시며 그분의 자녀답게 행동하기를 기대하심을 아는 사람으로서 책임감 있게 살아간다.

롭의 삶에 일어난 이 모든 변화는 사실 사회정책적인 프로그램들이 목표로 삼는 그러한 변화이다. 그런데 이 변화는 롭의 신학의 변화로 인해 생겨났다. 롭은 이제 하나님이 어떤 분이신지 이해하며 이 깨달음이 모든 변화를 초래했다.

하나님의 성품을 신실하게 성경적으로 제시하지 않으면 가난한 이들을 위한 사역에 좋지 못한 결과가 따른다.

2. 사람

아장아장 걷는 아이가 온 집안을 뛰어다니는 것을 본 적이 있는 가? 그 아이는 소리를 지르며 야단법석이다. 지친 아이 엄마가 미안해하는 표정으로 당신을 보며 조니가 몸이 안 좋다고 웅얼거린다. 어쨌든, 당신은 노골적으로 말하는 것은 무례할 수 있으므로 입밖에 내지는 않더라도 조니가 버릇없는 아이임을 안다.

우리는 모두 핑계를 대며, 핑계는 대부분 자신을 위한 것이다. 많은 이너시티(주택환경의 악화로 야간 인구가 현격히 감소되고 근린관계가 붕괴되어 행정구로서의 존립이 위기에 놓이게 된 대도시의 도심 지역—역자주)에는 이런 종류의 핑계들이 만연하다. 주택공급계획지역에는 자신을 피해자로 생각하는 의식이 저변에 깔려 있다. 마치 모든 수감자들이 저마다 자신의 결백을 주장하는 개방형 교도소와 같다. 내가 거주하며 사역하는 주택공급계획지역에 거주하는 대부분의 사람들은 "그건 내 잘못이 아니야"라는 변명에 매우 익숙하다.

어렸을 때 나는 심리치료사들과 사회복지사들에게서 꾸준한 상담을 받았다. 그들은 내가 나쁜 환경에 처해 온 좋은 사람이라는 개념으로 내 머릿속을 가득 채웠다. 그들은 만일 내가 다른 사람들처럼 좋은 환경에서 자랐다면 세상에 대해 그토록 분노하거나 악감정을 품지 않을 거라고 말했다.

나는 사역을 하면서 과거에 내가 가졌던 이런 사고방식을 가진 사람들을 거듭해서 대면하게 된다. 사람들은 주변 세상에 대해 점점 더 무기력하고 피해망상적인 태도를 가지게 되었다. 자신은 주변 환경을 변화시킬 힘이 없는 약자인데, 세상이 자신을 적대한다는 피해망상에 사로잡혀 있는 것이다. 그들은 마치 자기 자신만 고통받는 것처럼 자신의 나쁜 환경에 대해 우쭐해한다. 그들 생각에 다른 모든 사람들은 과잉보호를 받고 있다.

20년 간 노숙자로 전전했던 폴(Paul)은 그 점에 대해 이렇게 말했다. "성경의 관점에서 나를 이해하기 전에는, 나는 나 자신을 가끔 나쁜 짓을 하는 좋은 녀석으로 생각했어요. 그렇게 생각한 이유는 그저 나는 제대로 잘해 보려고 하고 있다는 거였죠. 나는 주변의 사람들을, 심지어 소위 친구들마저 방해물로 보았어요."

20세의 노숙자이자 심한 알코올 중독자인 리키(Ricky)도 폴의 말에 동의한다. "나는 스스로를 무가치하다고 생각했고, 삶의 의미를 전혀 느끼지 못하고 우울증에 걸린 채로 죽음을 향해 떠내려가고 있었어요. 그러면서 언젠가는 나아질 거라며 나 자신을 속였지요. 그러면서도 술과 도박에 더욱 깊이 빠져들기만 했어요. 내 주변의 사람들은 그들이 올바른 옷과 신발을 입고 있는지에만 신경을 썼습니다. 나는 사실 그것들에 대해 전혀 신경 쓰지 않았어요. 또한 그들이 어떤 사람인지도 내 관심 밖의 일이었죠. 나는 그저 그들이 내가 원하는 목적에 득이 되는지 여부에만 신경을 썼지요."

의롭고 거룩하신 하나님 앞에서 우리의 죄악된 상태가 얼마나 끔찍한지 성경을 통해 직시할 때에만, 그들과 나의 삶에서 변화가 일어나기 시작했다. 로마서 1장 20절은 이 점을 분명히 밝힌다. "창세로부터 그의 보이지 아니하는 것들 곧 그의 영원하신 능력과 신성이 그가 만드신 만물에 분명히 보여 알려졌나니 그러므로 그들이 핑계하지 못할지니라."

성경은 우리에게 우리의 죄를 시인하고 자신이 행한 일에 책임을 지라고 도전한다. 물론 어느 정도까지는 우리 모두가 피해자이다. 긍휼과 연민과 동정의 여지가 있다. 우리는 우는 자들과 함께 울고 우는 자들과 함께 울어야 한다. 하지만 성경은 다른 사람들의 행동을 우리가 행한 일의 핑계로 삼는 걸 결코 허용하지 않는다.

궁핍한 지역의 사람들을 진정으로 돕고자 한다면, 그들이 자신을 희생자로 보기보다는 죄인과 반역자로 보게끔 독려해야 한다. 우리가 죄악된 일을 행하는 것은 우리가 창조주를 반역하는 삶을 사는 죄악된 사람이기 때문이다. 하나님은 죄와 죄인들에 대해 진노하신다. 그분의 진노는 우리를 향한 것이며, 그분은 상대평가를 하지 않으신다.

이것이 처음에는 쓰지만 결국에는 생명을 주는 약이다. 내가 어린 시절에 계모에게 호된 괴롭힘을 당했다고 해서 하나님을 대적하는 나의 죄악되고 사악한 반역의 책임이 경감되는 건 아니다. 당신이 내 어깨를 감싸 안고서 예수님이 나를 사랑하시며 모든 게 잘될 거라고 말하는 것은, 나를 유익하게 하는 게 아니다. 그것은 나를 지옥으로 보내는 독과 같은 말이며 하나님에게서 그분의 합당한 영광을 강탈하는 무법한 짓이다.

물론 진실을 직면하게 하는 말은 너무 가혹하게 들릴 수도 있다. 하지만 목회적인 효력은 놀랄 만하다. 앞에서 언급한 노숙자 폴은 이제 자기 자신과 세상을 보는 시각이 완전히 달라졌다. 그는 이제 자기 자신에 대해 이렇게 말한다. "나는 문제투성이였어요. 내 마음과 내 행동이 문제였어요. 물론 나쁜 일들이 내게 일어났지만, 이제 하나님이 나를 보시는 시각으로 나 자신을 보기 때문에, 나는 죄에 종 노릇하지 않고 다른 행동을 선택할 수 있고, 덜 원망하며, 나 자신과 더 평화를 누립니다."

리키도 같은 마음이다. "나 자신을 죄인으로 이해하니까 나 자신을 더 잘 이해하게 되었습니다. 왜 내가 어리석은 선택을 했는지 이해할 수 있게 되었어요. 이제 나는 사람들을 다른 시각으로 바라봐요. 우리 인간들은, 심지어 근사한 사람들도 같은 배에 타고 있어요. 이제는 내가 갖지 못한 것을 가진 사람들에게 분노를 느끼기보다는, 그들이 그리스도를 소유하지 못했다는 사실에 안타까움을 느껴요. 나는 예전에는 결코 없었던 마음, 곧 사람들을 위하는 마음을 지니게 되었어요."

만일 우리가 가난한 사람들이 성경적인 시각으로 자신을 보도록 돕지 않으면, 결국에는 그들을 마치 쳇바퀴를 돌리는 햄스터 같은 속절없는 상태에 방치해 버리는 셈이다. 그렇게 되면, 그들은 자신의 문제에서 헤어나지 못하게 될 것이다. 반면에 가난한 사람들이 하나님의 시각으로 자신을 볼 수 있게 도우면, 이것은 우리의 상상을 초월하는 깊고 실제적인 복음적 변화로 나아가는 문을 활짝 열어준다.

3. 그리스도

감사하게도, 복음 메시지는 하나님의 선하심과 인간의 죄성에 대한 내용으로 끝나지 않는다. 만일 거기서 그친다면 좋은 소식이 아닐 것이다. 하나님은 우리의 끔찍한 상태를 해결하기 위해 어떤 일을 행하셨다. 즉, 자신의 아들을 이 땅에 보내사, 그분으로 하여금 우리를 위해 살고, 우리를 위해 죽고, 우리를 위해 부활하게 하셨다. 이로 말미암아 우리가 하나님과 더불어 사랑을 주고받는 관계를 맺을 수 있는 길이 열렸다. 또한 장차 주님이 다시 오셔서 만물을 새롭게 하실 것이며, 우리는 모든 성도들과 천사들과 함께 영원한 친교를 누릴 것이다.

나를 위해 그분이 지불하신 대가를 깨달으면, 내 마음은 감격의 노래를 소리 높여 부를 것이다. 내 죄를 위해 그리스도께서 죽으셨음을 알 때, 나는 큰 감정적 해방감을 갖게 된다. 하나님은 "작은 자들"을 돌보신다. 이 사실은 내게 소망과 생명줄이 되며 또한 피해의식의 덫에서 빠져나가게 하는 길이 된다. 부정적인 가정생활을 겪은 이들은 우주 역사상 가장 위대한 자기희생적 사랑의 본보기에 의지할 수 있다.

한 친구가 이렇게 말했다. "예수님은 모든 것을 넓은 시각으로 보게 하신다. 나는 자기 연민의 감정에 빠지곤 했다. 나는 억울해 하곤 했다. 나는 아버지에 대한 기억이 없다. 내가 아무런 잘못도 저지르지 않았는데도 아버지는 나를 버리고 떠났다. 그 사실에 나는 분노하곤 했다. 그러나 이제 하나님이 내 아버지이시다. 내가 여전히 잘못을 저지름에도 불구하고 하나님은 나를 사랑하신다. 그래서 나는 안전함을 느낀다. 상황이 힘들어져도 하나님은 나를 떠나지 않으실 것이다. 사실, 하나님은 나를 건져내기 위해 자신의 사랑하는 아들을 보내어 잔혹한 죽음을 당하게 하셨다."

이것은 불가해한 사랑이다. 우리를 사랑해야 할 많은 사람들이 정확히 정반대로 행했다. 그러나 여기 우리에게 진노하셔야 할 분이…우리를 위해 십자가에서 죽으셨다! 그뿐 아니라, 우리가 그분에게서 멀어지려고 달아나고 있을 때 우리를 쫓아오셨다. 그분이 우주의 왕이시라는 것만 제외하면, 마치 덩치 큰 형제가 우리를 따라다니면서 지켜주는 것과 방불하다.

청소년 시절에 나는 여러 위탁가정과 수양가족과 학대적인 환경들을 전전하며 자랐다. 나는 많은 일들을 겪었고, 죄책감과 수치심과 마음의 혼란을 느끼게 하는 일들을 저질렀다. 솔직히 나는 복수하고 싶었다. 그리스도인이 되고 난 후에도 처음에는, 내게 고통을 준 많은 사람들을 지옥불에 던져달라는 기도를 하곤 했다.

분명 그 시점에 나는 은혜를 제대로 이해하지 못했다. 하나님과 더불어 누리는 평화가 그분의 아들이 치르신 희생의 대가 덕분임을 이해하지 못했다. 그러나 하나님은 거듭하여 내 눈을 열어 그분의 지고하신 희생 덕분에 내 모든 죄들이 해결되었음을 보게 하셨다. 그 죄악들은 더 이상 내 삶을 규정하는 실재가 아니었다. 나는 더 이상 그 속에서 뒹굴지 않아도 되었다.

그 지고하신 용서의 의미를 서서히 깨닫기 시작하면서, 나는 가족 구성원들과 오랜 지인과 수양부모들을 위해 기도했다. 성령께서 내 삶에 개입하심에 따라, 그들을 저주하던 기도가 그들의 구원을 위한 눈물의 기도로 바뀌었다. 그리스도의 크신 희생이 내 영혼을 사랑으로 압도함에 따라 나는 계속 증오심을 품을 수 없었다. 그분의 사랑이 나의 미움을 제거했고, 그토록 오랫동안 나 자신을 파괴하던 악순환에서 나를 해방시켰다.

이해할 수 없을 정도로 위대하신 예수님의 희생의 아름다움에 직면하면, 우리는 세상에서 자신이 어떤 위치에 있는지를 돌아보지 않을 수 없으며, 자기 연민으로부터 한 걸음 물러서서 그분의 사랑 안에서 자유를 발견하고, 우리에게 심각한 해를 끼친 사람들마저 그분의 성령을 통해 용서하고 사랑할 수 있게 된다. 스티븐(Steven)이라는 한 친구는 그것을 '영적 복권 당첨'에 비유한다. 그는 이렇게 회상한다. "나는 어릴 때 복권에 당첨되어서 내가 사람들에게 저지른 모든 잘못을 갚을 수 있게 되길 꿈꾸곤 했어요. 하지만 예수님 안에서 나는 용서받았고, 내 죄 값이 지불되었어요. 그리고 비록 내가 사람들에게 저지른 잘못을 갚을 수 없어도, 나는 그들의 영혼을 위해 기도하며 내가 가진 것을 그들도 발견하길 바랄 수 있어요."

가난한 사람들은 바로 이런 예수님을 필요로 한다. 그들은 우리

죄를 지시고, 속죄를 이루시며, 죄책을 깨끗이 제하시는, 살아 계신 구속주인 예수님을 필요로 한다. 우리의 모습 그대로를 무조건 인정하는 그리스도는 실제로 그 무엇으로부터도 우리를 구원해주지 않는다.

4. 반응

가난한 사람들을 위해(혹은 누구를 위해서든) 일할 때 우리는 성경적인 참된 회개를 설명하기 위해 많은 공을 들여야 한다. 죄를 유감스럽게 여기는 것과 죄를 회개하는 것은 전혀 다른 일이다. 이 두 가지 행동은 사람들의 삶에서 장기적으로 현저히 다른 열매를 맺는다.

죄는 하나님을 노하시게 하고 우리를 그분에게서 분리시킨다. 회개는 그 죄로부터 **돌아서는** 것이다. 그런데 궁핍한 지역의 상하고 혼돈에 빠진 사람들은 회개의 외적 모습이 그밖의 사람들의 경우와 상당히 다른 모습으로 드러날 수 있다. 그 때문에 목회자가 목회적 어려움을 겪을 수도 있다.

이노센시아(Innocencia)를 예로 들어 보자. 그 아이는 북부 브라질 출신의 13세 길거리 소녀였다. 그 아이는 어린 나이임에도 불구하고 삶의 대부분을 길거리에서 지냈다. 아이는 다섯 살 때 부모에게서 버림받았고, 여섯 살 이후로는 줄곧 음식과 흡입할 본드를 구하기 위해 몸을 팔았다. 우리가 그 아이를 발견했을 때, 아이는 엉망진창이었다. 길거리에서 누군가에게 맞아서 한쪽 팔이 불구 상태였고, 치아가 모조리 빠져버렸으며, 헤아릴 수 없을 정도로 여러 차례 강간을 당했다.

어느 날, 그 아이는 삶을 변화시키는 하나님에 관한 진리, 하나님 앞에서 자신의 죄악된 상태, 그리고 예수님이 하신 일에 관한 좋은 소식을 들었고, 그 자리에서 회개하길 원했다. 우리는 함께 기도했고 그 아이가 진심으로 믿음의 고백을 했다고 믿었다.

며칠 후에 우리는 우연히 길거리에서 이노센시아를 만났다. 아이의 발치에는 강력한 공업용 본드(이것은 헤로인보다 훨씬 더 치명적이다) 봉투가 놓여 있었다. 우리 팀은 깜짝 놀랐고 화가 났다. 그 아이는 그처럼 진실하게 회개한 것 같았는데!

우리는 센터로 아이를 데려다가 목욕을 시키고, 며칠 전에 그리스도를 믿기로 다짐했었던 것에 대해 말했다. "아, 메즈 목사님." 아이가 말했다. "나는 예수님을 사랑해요. 나는 죄로부터 돌이켰어요. 지난밤에는 성매매를 거부했고, 이제 나는 하루에 열 봉투를 흡입하지 않고 여섯 봉투만 해요." 아이는 자랑스레 나를 쳐다보았고, 나는 책망당하는 느낌이었다. 과연 나는 회심 하루 만에 아이가 완전히 변할 거라고 기대하고 있었단 말인가?

그처럼 극단적인 경우가 흔하진 않지만, 스코틀랜드의 주택공급 계획지역에서의 회심도 별로 다르지 않다. 두 여자에게서 세 명의 자녀를 둔 남자가 그리스도께로 나아가 자신의 죄악된 과거로부터 돌이키고 자녀들에게 좋은 아빠가 되려고 할 경우는 어떻겠는가? 그가 생각하는 회개란 어떤 것일까? 어떤 식이든, 그것은 간단명료하지 않을 것이다. 난잡한 상황에 처한 사람들에게 있어, 회개는 힘든 결정을 수반한다. 그리고 이기적이며 죄악된 삶을 산 결과를 처리해야 하는 일을 수반할 것이다.

샤론(Sharon)은 30대 여성이며, 과거에 끔찍한 일들을 경험했었다. 그녀는 네 명의 자녀가 있는데 지역 당국에서 네 자녀들을 그녀에게서 강제로 분리시켰다. 샤론은 사소한 절도와 마약 범죄로 징역형을 무수히 받았다. 그녀는 요란스럽고 뻔뻔스러웠으며, 소매치기단의 리더였다. 그녀는 내가 자원 봉사활동을 하는 임시 사무실로 와서, 내가 내 삶에서 그리스도께서 무슨 일을 행하셨는지에 대해 간증하면서 복음을 전하는 것을 들었다. 그녀는 눈물을 흘리면서 내게 다가와서, "제 인생에 예수님을 받아들이길 원해요. 저도 목사님처럼 변화되고 싶어요"라고 말했다. 나는 그녀에게 마음이 쓰였다.

그녀를 보면서 내가 말했다. "큰 대가를 치러야 한다는 점을 알아야 해요. 나는 그리스도인으로서 참으로 성장하기 위해 내가 알던 모든 것에 등을 돌렸어요. 친구들, 심지어 몇몇 가족 구성원까지 포함해서요. 당신이 보고 있는 지금의 내가 있기까지는 10년간의 고통스런 성장이 있었죠. 그것은 하룻밤에 이뤄지지 않아요. 예수님은 우리가 그분을 따르기로 결심하기 전에, 치러야 할 대가를 먼저 계산할 것을 당부하십니다. 그분은 우리가 어리석게도 더 쉬운 삶을 기대하길 원치 않으십니다. 사실 우리가 새로운 삶을 시작할 때 친구들이 우리를 거부하며 우리의 동기를 오해할 가능성이 많아요. 돌아가서 그 점을 깊이 생각해본 후에 내일 다시 오시는 게 어떨까요? 정말 하나님이 당신더러 회개하고 죄로부터 돌이키도록 부르고 계시다고 생각한다면, 내일 오전 10시에 여기서 다시 만납시다." 그 후로 나는 샤론의 소식을 들은 적이 없다.

내가 올바로 한 걸까? 나는 그렇다고 생각한다. 그 이후로도 여러 차례 그렇게 했다. 나약한 사람들을 돕는 일을 하면서, 정서적으로 유약한 상태에 있는 그들에게서 어떤 형태의 결신을 받아내고자 하는 유혹을 느끼곤 한다. 그런 것을 받아내는 건 쉬운 일이다. 열악한 환경에 처한 사람들은 여러 가지 이유로 인해 예수님을 따르겠다고 인간적으로 조종될 수 있다. 그러나 참된 회개는 하나님의 성령의 일이며, 만일 우리가 그리스도를 따르는 데 수반되는 대가를 그들에게 알려주지 않으면 그들에게 큰 해를 끼치는 셈이다.

종종 내 사무실로 찾아와서 자신이 구원받을 수 있는지를 묻는 마약 중독자들에게 내가 즐겨 던지는 물음들 중 하나는 이것이다. "예수 그리스도를 따르기 위해 당신이 포기하려는 것은 무엇인가요?" 만일 '모든 것'이라는 대답이 나오지 않으면, 그들은 아직 준비된 것이 아니며 복음 메시지를 이해하지도 못한 셈이다. 대개 그들의 대답은, "목사님, 무엇이라도 다 하겠습니다"이다. 그러면 나는 이렇게 말한다. "무엇이라도라고요? 정말로요? 좋아요. 그럼 휴대폰을 이리 줘봐요. 내가 당신 휴대폰의 유심 칩에서 마약 딜러들의 전화번호를 지울게요." 이 경우에 99퍼센트는 일어나서 나가버린다. 그들이 그런 대가를 지불하지 못한다면 그리스도께서 요구하시는 대가를 지불하지 않을 것이다.

복음을 올바로 이해하는 것이
그토록 중요한 다섯 가지 이유

복음은 좋은 소식이다. 사실 가장 좋은 소식이다. 우리가 그 메시지를 올바로 이해하고 그것을 합당한 자리에 두는 것은 필수적이다. 복음을 잘못 이해하는 것은 마치 부패한 약을 먹는 것과 같다. 그것은 우리를 치료하지 못한다. 만일 복음이 차지할 자리에 다른 것을 가져다 두면, 그것은 마치 다이아몬드 약혼반지를 구입하면서 정작 중요한 다이아몬드를 사는 걸 잊어버리는 것과 같다. 다이아몬드를 끼울 자리만 근사하게 마련되어 있고 다이아몬드는 없는 꼴이다. 우리는 복음 메시지를 올바로 이해하고 그것을 신실하게 전달하기 위해 시간을 투자해야 한다. 그 이유를 다섯 가지로 요약하면 다음과 같다.

1. 영원이 가장 중요하기 때문이다

복음은 이생과 내생 모두를 다룬다. 니드리커뮤니티교회에서 단기간 봉사하길 원하는 많은 청소년들은 가난한 사람들에게 뜨거운 관심을 보이고 '선교'와 '막힌 담을 허무는 일'에 열정적이다. 하지만 종종 그들은 자신도 모르게 인종 간 화해나 사회정의 또는 문화 갱신 같은 것을 강조하는 안타까운 잘못을 범한다. 복음 메시지는 단지 예수님이 당신을 사랑하신다거나 혹은 하나님이 당신을 현재의 힘든 상황에서 벗어나게 해주신다는 것이 아니다.

앞에서도 말했듯이, 주택공급계획지역들에서 가장 필요한 것은 사회적, 경제적 변화가 아니다. 이 지역들에서 가장 큰 문제는 죄의 악취를 풍기는 사람들이 거룩하신 하나님으로부터 멀어진 것이다. 따라서 그들의 모든 죄를 제거하고, 그들의 우상숭배적인 완악한 마음을 예배하는 부드러운 마음으로 대체하기 위해 죽으시고 다시 사신 진정한 구주이자 주님이신 분이 그들에게 필요하다. 다른 메시지는 전혀 도움이 되지 않는다.

물론 우리는 일상적인 물질적 궁핍에 처한 사람들을 돕는 걸 반대하지 않는다. 교회가 물질적으로 궁핍한 사람을 도와야 하는 상황도 있다. 하지만 복음 메시지에 우선순위를 두어야 한다. 복음이 우선이다. 가난과 폭력과 불공정은 개인적, 사회적 차원에서 매우 현실적인 문제들이지만, 이것들은 사실 우리 모두가 지닌 영적 질병의 증상들이다. 증상들을 치료하는 것도 좋고 귀한 일이지만, 근원적인 복음 치료가 없으면 환자는 결국 죽고 말 것이다. 궁핍한 주택공급계획지역에서 복음을 전하면서 사람들에게 다가갈 때, 우리는 내면의 문제를 먼저 생각해야 한다.

제임스 몽고메리 보이스는 이것을 다음과 같이 표현한다.

복음은 어떤 이들이 생각하는 것처럼 단지 이생에서 기쁨과 만족을 얻을 새로운 가능성을 제시하는 것이 아니다. 복음은 단지 골치 아프고 실망스런 문제들을 해결하는 것이 아니다. 그런 것보다 훨씬 더 깊은 것과 관련되며, 그것은 하나님에 관한 것이다. 구원의 다른 축복들은 오직 이 기초 위에 뒤따르는 것이다. 패커(Packer)는 이렇게 말한다. "복음이 이런 문제들도 해결해주지만…인간의 가장 깊은 문제, 창조주와의 관계에 관한 문제를 먼저 해결함으로써 그렇게 한다. 만일 전자의 문제 해결이 후자의 문제 해결에 의존한다는 점을 분명히 하지 않으면, 우리는 메시지를 잘못 전하는 셈이며 하나님의 거짓 증인이 되고 만다."[3]

2. 사람이 다른 방법으로는 구원받을 수 없기 때문이다

사도행전 4장 12절은 "다른 이로써는 구원을 받을 수 없나니 천하 사람 중에 구원을 받을 만한 다른 이름을 우리에게 주신 일이 없음이라 하였더라"라고 알려준다. 이 말이 사실이라면, 사람들이 구원받고 하나님과의 올바른 관계에 들어가기 위해서는 참된 복음을 반드시 믿어야 한다. 다른 이로써는 구원을 받을 수 없다. 대안도 전혀 없다. 가난한 지역에 찾아가서 쓰레기통을 비우거나 환경미화를 하면 복음 진리를 어떤 영적 형태로 사람들 가운데 서서히 침투시킬 수 있다고 보는 것은 매우 잘못된 생각이다.

믿음은 들음에서 난다(롬 10:17). 그래서 우리는 어떤 자조(自助)적 프로그램을 제시하기보다는 죄인들을 위해 예수님이 완수하신 대속 사역을 선포한다. 가난한 사람들을 보살피는 것과 같은 선한 일

---

3) James Montgomery Boice, *Foundations of the Christian Faith: A Comprehensive and Readable Theology* (Downers Grove, IL: InterVarsity Press, 1986), 319.

은 비신자들에게 강력한 표지이지만(벧전 2:12), 사도행전을 보면 초대교회의 폭발적인 성장을 야기한 것은 하나님 말씀이다(행 6:7). 물론 1세기의 신자들은 가난한 이들을 먹이고, 과부를 돌보며, 노인들을 돕는 것과 같은 선행을 했다. 그러나 그것은 복음 그 자체가 아니라 복음의 영광을 위해 사는 삶의 부산물이었다. 우리 주택공급계획지역에서 살고 있는 사람들은 분명하고도 이해가능한 방식으로 선포되는 복음 말씀을 들을 때만 구원을 받을 것이다. 다른 방법은 전혀 없다.

3. 그렇게 하지 않으면 우리가 포기할 것이기 때문이다

만일 우리가 복음을 올바로 정립하지 않으면, 우리는 주택공급계획지역에서의 어떤 유형의 진지한 교회개척 사역도 놓칠 수 있다. 우리는 우리가 무엇을 하기 위해 이곳에 있는지 알아야 하며 우리가 섬기려는 사람들의 영적인 상태를 바로 알아야 한다. 우리는 인간 부패성의 심각성으로 인해 놀라거나 낙심할 수 없다. 주택공급계획지역의 사람들은 그 심각한 부패성을 부유한 교외 지역 거주자들처럼 잘 숨기지 않는다. 또한 우리는 사람들이 직면하는 문제들에 대한 해결책이 있는지 여부에 대해 절망할 수 없다. 우리는 우리 죄에 대한 끔찍한 진실과 그리스도 안에서 우리에게 주어진 영광스런 소망, 둘 다를 말해주는 온전한 복음을 필요로 한다. 만일 우리가 복음을 변경하거나 부드럽게 바꾸거나 왜곡한다면, 사도 바울이 우리를 저주받은 자라 부를 것이며(갈 1:8), 우리는 우리 사역에 하나님의 은총이 임하길 기대해선 안 될 것이다.

4. 그대로 두면 사람들이 지옥으로 갈 것이기 때문이다

히브리서 기자는 "한번 죽는 것은 사람에게 정해진 것이요 그 후에는 심판이 있으리니"라고 말한다(히 9:27). 이와 유사한 맥락에서, 예수님은 망대가 무너져서 열여덟 명이 죽은 사건을 언급하면서 사람들더러 회개할 것을 촉구하셨고 회개하지 않으면 죄로 인해 멸망할 거라고 하셨다(눅 13:5). 비극적인 죽음을 당한 사람들에 관한 질문에 이렇게 대답하신 것은 적절한 목회적 반응이 아닌 듯 보일 수 있었다. 그러나 청중의 영혼을 너무나 우려하신 예수님은 변죽을 울리실 수가 없었다. 성경은 가난이나 낮은 자존감보다 더 심각한 것이 있다고 말한다. 그것은 지옥이다. 지옥은 실재하고, 영원하며, 그곳에서 영혼의 의식은 영원히 살아 있다. 따라서 우리는 지옥을 주저하지 말고 무섭게 선언할 의무가 있다.

모든 사람은 자연 상태에서 죄 아래에 있고 진노의 자녀이다(롬 3:9; 엡 2:3). 성장 배경이 힘들었다고 해서 이 사실은 조금도 경감되지 않는다. 가난한 사람들에 대한 교회의 관심의 초점이 오늘날에는 주로 그들을 사랑하며 그들의 자존감을 높이는 데 맞춰지고 있으며, 이런 시대에 지옥을 언급하는 것은 많은 사람들에게 너무나 동떨어진 이야기처럼 여겨질 수 있다. 사람들에게 필요한 것은 그저 사랑받는 것 또는 (더 나쁘게는) 자신을 사랑하는 법을 배우는 것이라는 잘못된 생각을 갖고서 주택공급계획지역으로 사역하러 오는 사람들이 얼마나 많은가! 만일 당신도 문제를 그런 식으로 진단한다면, 당신은 심판과 영원한 징벌이라는 실재에 대해 사람들에게 결코 말하지 않을 것이다. 그것은 옛 자존감을 높여주는 것이 아니기 때문이다.

그러나 만일 성경이 정확하다면, 당신은 거듭나지 않은 자연 상태의 사람들이 지옥으로 갈 수밖에 없음을 믿어야 한다. 히브리서 9장 27절은 맞든지 틀리든지 둘 중 하나이다. 사람들은 하나님 앞에서 심판을 받든지 그렇지 않든지 둘 중 하나이다. 절충적 입장으로 해석할 주해적 방법은 전혀 없다. 이 점에 비추어 볼 때, 우리가 할 수 있는 가장 자애로운 일은 사람들에게 그들의 영원한 운명에 대해 경고하는 일이다.

주택공급계획지역을 방문하는 어떤 사람들은 그곳 상황을 '지상 지옥'이라는 말로 묘사한다. 하지만 그것은 그들이 실제로 지옥이 어떤 곳인지 전혀 모른다는 것을 드러낼 뿐이다. 다음 성경구절들을 보라.

"거기서 울며 이를 갈게 되리라"(마 8:12).

"또 왼편에 있는 자들에게 이르시되 저주를 받은 자들아 나를 떠나 마귀와 그 사자들을 위하여 예비된 영원한 불에 들어가라"(마 25:41).

"그러나 두려워하는 자들과 믿지 아니하는 자들과 흉악한 자들과

살인자들과 음행하는 자들과 점술가들과 우상 숭배자들과 거짓말
하는 모든 자들은 불과 유황으로 타는 못에 던져지리니 이것이 둘
째 사망이라"(계 21:8).

모든 사람의 삶은 영원히 계속된다. 가장 중요한 것은 그 삶이 어
디서 진행되는가이다. 교회의 복음전도가 활발하지 못한 것은 대체
로 지옥 교리를 충분히 진지하게 받아들이지 않기 때문일 수 있다.
주택공급계획지역의 사람들을 위해 우리가 할 수 있는 가장 자애로
운 일은 그들의 전기요금을 내주거나 일자리를 찾도록 도와주거나
그들의 집을 청소해주거나 침대를 사주거나 혹은 그들의 마약중독
습관을 끊도록 도와주는 것이 아니다. 사람들을 위해 우리가 할 수
있는 가장 자애로운 일은, 그들이 우리를 어떻게 생각하든, 지옥의
실재와 심각성을 그들에게 선언하는 일이다. 그것은 사심 없는 사
랑의 행동이다.

하나님에 관한 진리의 일부만 전하는 것으로는 부족하다. 성경은
하나님을 여러 측면에서 묘사한다. 그분은 죄에 대해 분노하시고,
그분은 죄인들을 사랑하시고, 그분은 미워하거나, 울거나, 기뻐하기
도 하신다. 그분은 죄와 죄인들을 심판하시지만, 진정으로 회개하는
자를 용서하시며, 의롭다 하기도 하신다. 우리는 우주적인 산타클로
스 같은 하나님을 전하지 않듯이 순전히 분노만 발하시는 하나님을
전하지도 않는다. 우리가 온전한 복음을 전하는 것은, 사람들이 그
러한 혜택을 받을 자격이 있어서가 아니라, 그리스도의 궁극적이며,

자애로우며, 이타적이며, 칭의와 성화를 가져오는, 우주적인 은혜의 행위가 우리의 공로가 되기 때문이다. 우리가 그들에게 온전한 진리를 전하는 이유는 먼저 우리를 사랑하신 분을 우리가 사랑하기 때문이다.

5. 하나님의 영광 때문이다

복음은 궁극적으로 하나님의 영광에 관한 내용이다(고린도후서 4장 4절에서 바울은 이를 "그리스도의 영광의 복음"이라 표현한다). 하나님은 자신을 공의로우시면서도 용서하시는 분으로 드러내는 방식으로 죄인들을 구원하는 편을 택하셨다(롬 3:26). 그분은 그분의 백성의 마음속에 영원한 찬양이 북받쳐 오르게 하는 방식으로 그들을 구속하는 편을 택하셨다(계 5:12). 그분은 그분을 대적하는 세상 권세자들의 지혜를 파하는 반면에 당신의 지혜를 높이는 방식으로 이 모든 일을 성취하는 편을 택하셨다(고전 1:21).

우리가 하나님보다 더 잘 안다고 생각하는가? 영원 전부터 하나님이 계획하시고 시간 안에서 실행하신 것보다 더 낫고 더 영화로운 복음을 우리가 지니고 있는가? 인간 중심의 복음(하나님이 우리를 그토록 사랑하시니 우리도 하나님을 선택해야 한다는 내용)은 죄인들을 미화한다. 심판의 메시지가 없으면, 하나님은 불의하고 죄를 용납하며 영광스럽지 않으신 것처럼 여겨진다. 회개와 거룩을 촉구하는 내용이 없으면, 예수님을 전하되 그의 백성의 삶 속에서 죄를 멸하실 힘이 없는 구주로 전하는 셈이다(요일 3장 8절과 대조된다).

하나님은 스코틀랜드의 주택공급계획지역에 사는 죄인들과 노던 버지니아의 이민자들을 구원하길 원하신다. 이 확신이 본서에 수록된 모든 내용의 기초가 된다. 하나님은 오직 그의 아들의 영광스러운 복음으로만 그 일을 하실 것이다. 그분은 자신의 영광을 나누지 않으실 것이다. 따라서 반쪽 복음이나 물 탄 메시지는 아무 소용이 없을 것이다.

결론

14년 전에 한 무리의 젊은 그리스도인들이 스윈던(Swindon) 거리의 지역문화센터 근처에 나타나서 내가 지옥에 갈 거라고 내게 말했다. 그러고 나서 그들은, 지옥을 피하기 위해 내가 무엇을 해야 하는지를 알려주었다. 복된 소식을 듣고, 복된 소식을 받아들이며, 회개하고, 믿고, 세례(또는 침례)를 받아야 한다는 것이었다. 나는 그 말을 듣고 싶지 않았다. 하지만 4년간의 많은 고통과 분노, 그리고 나중에는 약간의 참된 회개의 세월을 보낸 후에, 나는 하나님의 자비로 우신 은혜로 구원을 받았다. 내가 오늘 목사로서 이 글을 쓰는 것은, 그 그리스도인들이 (말 그대로) 목숨을 걸고서 복음을 '있는 그대로' 내게 전해주었기 때문이다. 하나님이 우리에게 당부하시는 것이 바로 그것이다. 만일 궁핍한 사람들에게 다가가 돕고 싶다면 우리의 주된 임무가 바로 그것이다.

3장
교리가 중요한가

=

몇 년 전에 나(마이크)는 오랜 대학 친구와 함께 커피를 마셨다. 그 친구는 대학 시절 이후로 자신의 목회관이 어떻게 변했는지를 설명했다. 현재 그는 여러 지역의 대학 캠퍼스에서 대학 사역 지도자로 섬기고 있다. 그는 이제 15년 전에 우리 둘 다 그랬었던 것만큼 '십자가 중심'(그의 표현임)이지 않기로 결심했다고 말했다. "알다시피, 마이크, 우리는 너무 **교리적이고** 싶지 않아. 분명 십자가는 중요해. 하지만 우리는 속죄에 대한 16세기의 논쟁에 집착하고 싶지 않아. 결국 예수님은 구원을 묘사하기 위해 겨자씨 비유 같은 갖가지 다양한 이미지들을 사용하셨잖아. 우리는 가난한 자들에게 복된 소식을 그리고 사로잡힌 자들에게 자유를 선포함으로써 하나님 나라를 확장하길 원해. 해야 할 선한 일들이 많이 남아 있기 때문에 우리는 신학에 매여 있을 수 없어."

그 친구의 우선순위에 대해 사도 바울이 동의할 것인지에 대해서는 잠시 미뤄두고(바울은 고린도 교인들에게, 겨자씨처럼 확장되어 가는 하나님 나라 외에는 그들 중에서 아무것도 알기를 원치 않는다고 선언했던가……음, 아니, 신경쓰지 말라[고전 2:2]), 그 친구가 말하고자 한 대국적인 요점에 대해 먼저 생각해보자. 그의 입장에서 취할 점이 없는 건 아니다.

예를 들어, 당신이 멀리 떨어진 어느 도시에 임박한 파멸을 경고하기 위해 배를 타고 가고 있다고 하자. 만일 당신이 제시간에 그곳에 도착하지 않으면, 그곳 사람들이 모두 죽는다. 두말할 필요도 없이 당신은 배가 가능한 한 빨리 나아가기를 원한다. 속도에 방해되는 여분의 짐을 모조리 버린다. 깨끗한 갑판이나 광나는 놋 제품에 대해 신경쓰느라 시간을 허비하지 않는다. 임무의 긴박성 때문에 당신은 효율적이며 간편하게 행동할 필요가 있다.

내 친구 같은 사람들은 주장하기를, 기독교 사명이 긴박하기 때문에 우리가 신학적인 돛을 정리하고 엄격한 교리라고 하는 무거운 짐을 버릴 필요가 있다고 한다. 그런 짐은 협력해야 할 사람들 간에 언쟁과 다툼을 유발할 뿐이라는 것이다. 만일 사람들이 고통당하고 있고 가난한 사람들이 압제당하며 사로잡힌 자들이 매여 있다면, 책을 쓰고 컨퍼런스를 열며 몇몇 단어들의 의미에 대해 논쟁할 겨를이 과연 있겠느냐는 것이다.

이런 주장에도 일리가 있다. 그리스도인들이 후택설(infralapsari-anism)에 대해 인터넷상의 논쟁에 허비하는 시간을 줄이고 이웃들에게 예수님에 대해 말하는 시간을 더 많이 갖는다면, 아마도 교회가 더 나아질 것이다. 하지만 이것은 궁핍한 자들에게 다가가고자 하는 교회가 신학에 대한 확신과 대화를 버려야 함을 뜻하지 않는다.

교리는 배의 짐이 아니다. 선체와 돛대이다.

교회의 교리가 그 증언의 특성과 질을 결정한다. 교회의 신학이 그 목표를 그리고 그 목표를 성취하는 방법을 형성한다. 제자들에게 주신 예수님의 지상명령을 생각해보라.

"예수께서 나아와 말씀하여 이르시되 하늘과 땅의 모든 권세를 내게 주셨으니 그러므로 너희는 가서 모든 민족을 제자로 삼아 아버지와 아들과 성령의 이름으로 세례를 베풀고 내가 너희에게 분부한 모든 것을 가르쳐 지키게 하라. 볼지어다. 내가 세상 끝날까지 너희와 항상 함께 있으리라 하시니라 "(마 28:18-20).

예수님은 가서 제자를 삼으라고 제자들에게 명하시는데, 이것은 두 단계를 수반한다.

- 첫째, 그들은 아버지와 아들과 성령의 이름으로 모든 민족에게 세례(또는 침례)를 주어야 한다. 복음 선포를 통해 회개하고 주 예수를 믿는 남녀들에게서 제자화는 시작된다. 세례(또는 침례)는 제자화 시작 단계의 정점이다.
- 둘째, 그들은 예수님이 명하신 모든 것을 가르쳐 지키게 해야 한다. 이것은 제자화의 지속적인 과정이며, 세례(또는 침례) 받은 새

회심자는 하나님을 기쁘시게 하는 삶이 어떤 것인지를 배우게 된다.

따라서 본장에서 제기하는 물음은, 제자 삼기의 이들 두 측면이 교회가 교리를 알고 가르칠 것을 요구하느냐는 것이다. 우리는 단지 그리스도의 사랑을 드러내며 섬김을 실천함으로써 우리의 공동체를 새롭게 하여 이들 두 가지 목표를 달성할 수 있을까? 그럴 수 없을 것이다.

신약성경에서 우리는 신학이 교회의 삶의 모든 측면에 필수적임을 본다. 구원, 성화, 리더십, 복음전도라고 하는 네 가지 영역에서 이를 확인해보자.

구원은 교리를 필요로 한다

교리의 필수성을 비판하는 자들은 마지막 날에 하나님이 사람들의 머리 속에 올바른 교리적인 공식이 들어 있는지를 확인하시진 않을 것이라며 비아냥거리곤 한다. 아마 그렇게 하시진 않을 것이다. 그러나 하나님은 이런 식으로 물으실 것이다. "너는 나를 믿었느냐? 가짜 나를 믿은 게 아니라, 진짜이며 참된 나를 믿었느냐?" 달리 말해서, 하나님은 우리가 특정한 진리들을 믿고 있는지에 대해 매우 관심이 많으시다. 왜냐하면 하나님께는 교리적인 진리가 그분 자신에 관한 진리이기 때문이다.

사람이 그리스도의 구원을 경험하기 위해서는 앞장에서 개괄적으로 제시한 것과 같이 **진짜** 하나님에 관한 다음의 진리들을 믿고 신뢰해야 한다.

- 하나님은 우리에게 생명을 주신 창조주이시다(창 1:26-28).
- 하나님은 거룩하고 공의로우시며 우리의 죄를 영원한 형벌로 벌하셔야 한다(롬 3:23).
- 하나님은 자비롭고 긍휼이 많으셔서 신인(God-man)이신 예수님을 보내사 우리 죄를 위해 십자가에서 죽으시고 부활하게 하셨다(롬 3:21-26; 4:25).
- 하나님은, 죄에서 돌이켜 그리스도를 믿으라고 우리를 부르신다(요 3:16; 행 17:30).

간단히 말해서, 만일 사람이 전심으로 하나님께로 돌이켜 하나님에 대한 이 영광스러운 진리를 믿지 않는다면, 그는 구원받을 수 없다(롬 10:13-17). 구원에는 교리가 요구된다![1]

사도들이 가서 제자를 삼을 때 교리적인 메시지에 대한 설교를 피하지 않았던 것도 바로 이 때문이다. 사도행전에서 믿지 않는 무리들에게 전해진 교리적인 주제들을 살펴보면 다음과 같다.[2]

---

1) 구원을 위해 참된 교리를 믿는 믿음이 필수적이라는 사실에 대한 더 상세한 논의를 위해서는, 마이크의 책 『*Am I Really a Christian?*』(Wheaton, IL: Crossway, 2011)의 3장을 보라.

- 성령(2:14-21)

- 하나님의 주권적인 섭리(2:23; 17:26)

- 그리스도의 부활(2:24-32; 3:15)

- 그리스도의 십자가 처형(8:32-35; 13:28-29)

- 구약성경이 예수님을 가리키는 방식(3:22-24; 7:2-53; 28:23)

- 다가오는 심판의 실재(10:42; 17:31; 24:25)

- 그리스도의 배타성(4:12; 19:26)

- 창조주 하나님(14:15-17; 17:24)

- 하나님의 자기충족성(17:24-25)

- 하나님의 나라(19:8; 28:23)

사도들은 불신자가 회개하고 그리스도를 믿기 위해서는, 하나님에 관한 특정 진리들과 그리스도로 말미암는 구원에 관한 특정 진리들을 이해할 필요가 있다고 생각했다.

낙심하며 의기소침해진 바울에게 예수님이 꿈에 나타나셔서, "담대하라. 네가 예루살렘에서 나의 일을 증언한 것 같이 로마에서도 증언하여야 하리라"(행 23:11)라고 말씀하셨다. 여기서 예수님은 유대인들과 이방인들 모두를 향한 바울의 복음전도 사역 전체를 "나의 일을 증언한 것"이라는 표현으로 요약하신다. 바울이 했던 일이 바

---

2) 우리는 사도행전에서 인용할 수 있는 예들만 나열했다. 사도행전을 살펴보면, 사도들과 초대교회 지도자들이 행한 복음전도 설교의 구석구석마다 교리로 채워져 있음을 알 수 있다.

로 그것이다. 그는 이곳저곳 전도하러 다니면서 예수님이 누구시며 무슨 일을 하셨는지를 전했다.

성경이 교회의 복음전도 임무를 이와 같이 묘사할진대, 우리의 증언이 주로 궁핍한 자들을 향한 사랑과 구제 행위를 통해 행해져야 한다는 주장은 성경과 조화를 이루기 힘들다. 그리스도인들이 1천년 동안 배고픈 이들에게 수프를 제공하거나 공공건물의 지저분한 낙서를 지우는 페인트칠 봉사를 한다고 해서 사람들이 그들의 죄를 위해 예수님이 죽으셨다가 다시 살아나셨다는 결론에 도달하진 못할 것이다. 우리는 입을 열어 복음의 내용을 세상에 전해야 한다. 그렇게 하지 않으면 아무도 구원받지 못할 것이다.

성화는 교리를 필요로 한다

어떤 이들은 그리스도인이 되기 위해 약간의 기초적 교리는 알아야 하지만 소위 '신학'이나 '교리'의 대부분은 그리스도인으로서 성장하는 데 불필요하다고 믿고 싶은 유혹을 받는다. 복잡한 개념들을 숙고하면서 온라인상에서 낯선 이들과 논쟁하는 걸 즐기는 사람이 아니라면 그저 지역 사회에서 예수님처럼 살아가는 일에 신경 쓰면 된다는 것이다.

그러나 성경 기자들은 그런 견해에 동의하지 않는다. 성경은 거듭해서 하나님의 백성의 올바른 행동과 태도를 올바른 교리에다 고정시킨다. 아래의 예들을 보라.

- **십계명**. 이것은 어떻게 살아야 하는지 말해주는 종합 목록이다. 하지만 경건한 삶을 위한 이 지침들의 바로 앞에 무슨 내용이 나오는가? 신학이 등장한다. "나는 너를 애굽 땅, 종 되었던 집에서 인도하여 낸 네 하나님 여호와니라"(출 20:2). 이스라엘인들은 왜 다른 신들을 두지 말아야 하나? 여호와께서 그들을 노예 상태에서 건져내셨기 때문이다.

- **너희 원수를 사랑하라**. 이는 복음으로 말미암는 위대한 변화의 수액을 흐르게 하는 명령이다. 그러나 예수님은 이 적극적인 사랑의 기초를 신학에다 두신다. "나는 너희에게 이르노니 너희 원수를 사랑하며 너희를 박해하는 자를 위하여 기도하라. 이같이 한즉 하늘에 계신 너희 아버지의 아들이 되리니 이는 하나님이 그 해를 악인과 선인에게 비추시며 비를 의로운 자와 불의한 자에게 내려주심이라"(마 5:44-45). 왜 우리가 원수를 사랑해야 하는가? 성부 하나님이 원수를 사랑하는 하나님이시기 때문이다!

- **거룩하라**. 그리스도인들은 거룩해야 한다. 그 이유는 무엇인가? 여기서도 사도는 우리를 교리로 이끈다. "너희가 순종하는 자식처럼 전에 알지 못할 때에 따르던 너희 사욕을 본받지 말고 오직 너희를 부르신 거룩한 이처럼 너희도 모든 행실에 거룩한 자가 되라"(벧전 1:14-15). 하나님이 거룩하시기 때문에 우리는 한때 우리를 지배했던 죄악된 욕구를 따르지 않는다.

- **바울 서신들**. 끝으로, 바울 서신들은 명령들의 기초를 진리에다 두는 구조로 되어 있다. 바울은 그의 서신의 수신자들에게 권고

한다. "너희의 몸을 거룩한 산 제사로 드리라"(롬 12:1). "새 사람을 입으라"(엡 4:24). "그리스도 예수 안에서 행하라"(골 2:6). 하지만 이런 명령들이 주어지기 전에 교리에 대한 긴 논의가 이어진다. 바울은 교회들에게 칭의, 영화, 예표론, 언약적 머리 됨(롬 5:12-17; 8:30), 선택과 예정(엡 1:4-6), 인간의 부패성(엡 2:1-3), 기독론(골 1:15-20) 등과 같은 교리들을 가르친다.

궁핍한 이들에게 헌신적으로 다가가는 것을 포함하는 그리스도인의 순종은 하나님의 성품과 행동을 닻으로 삼고 그것들에 의해 고무되어야 한다. 그 닻을 제거해보라. 그러면 잠시 동안 같은 곳에 머물 수 있겠지만, 이내 풍랑이 일어 이리저리 떠밀릴 것이다. 그런 헌신적 행동은 곧 중단될 것이다.

우리가 하나님에 대해 더 많이 알면 알수록 더 많이 순종으로 이끌릴 것이다. 얼마나 많은 사람들이 교회나 선교센터에서 영접기도를 했지만 이내 믿음에서 떠나고 말았던가? 그 이유는 그들이 신앙의 진짜 내용을 이루는 교리적인 단단한 식물을 배우지 못했기 때문이다. 하나님의 성품과 자신의 삶이 어떻게 연관되는지 숙고해보지 않았기 때문에 이기심과 게으름과 죄의 패턴에 사로잡힌 그리스도인들이 얼마나 많은가?

반론에 대해…

한편, 가난한 지역의 사람들은 대체로 좋은 교육을 받지 못했기에 교리를 배우는 데 필요한 도구가 결여되어 있다는 반론을 나는 가끔 듣는다. 만일 사람들이 자연스럽게 읽고 공부하는 환경에서 살고 있지 않다면, 혹은 문맹들이 많다면 당신은 그들에게 복잡한 신학적 개념을 가르칠 수 없으며, 그런 것을 가르치려 하면 그들은 흥미를 잃는다는 것이다.

내가 보기에 그런 태도는 너무나 가부장적이며 가난한 사람들을 낮추어보는 태도라서 놀라울 따름이다. 가난한 사람들은 가난하지만 어리석진 않다. 그들은 다른 어떤 사람 못지않게 하나님의 성품과 하나님의 방식을 이해할 수 있다. 바울은 신학교 교수들에게 편지를 쓴 것이 아니다. 그의 독자들은 대체로 부유한 특권층에 속한 교육받은 사람들이 아니었다. 애굽을 떠난 이스라엘 백성도 신학 학위와는 무관했다. 하지만 하나님은 자신에 관한 온갖 깊고 복잡한 사항들을 그들에게 서슴없이 말씀해주셨다.

가난한 사람들도 깊은 진리를 이해할 수 있다. 나는 이 사실을 내가 섬기는 미국 교회에서 보았고, 메즈가 사역하는 에든버러에서도 보았다.

고든(Gordon)에 대해 생각해보자. 그는 40대 초반이다. 그는 고등학교를 마치지 못했고 회심 전까지는 단 한 권의 책도 읽은 적이 없었다. 교회나 기독교를 경험해본 적도 없었다. 그는 읽고 쓸 수는 있었지만 겨우 신문을 읽는 정도의 수준일 뿐이었다. 고든이 메즈의 교회에 처음 왔을 때, 그는 가르침이 자신의 귀에 들어오지 않았다고 말했다. 다음은 그가 한 말이다.

"구원받기 전에는 성경에서 말하는 내용을 이해할 수 없었어요. 그러나 지금은 마치 말씀이 내 이름을 부르고 나를 잡아당기는 것 같아요. 나는 성령께서 그렇게 하신다고 생각해요. 나는 예전에 결코 하지 않았던 방식으로 인생의 깊은 물음들에 대해 생각하는 나 자신을 발견합니다. 줄곧 읽고 싶어요. 비록 내가 이해하지 못하는 중요한 신학용어들이 많지만, 나는 그것들을 더 많이 알고 싶어요. 선심 쓰는 체하지 않고서 내게 모든 것을 설명해주는 좋은 분들이 내 주변에 있어서 도움이 됩니다. 학교에 다닐 때에는 너무 힘든 내용이 있으면 나는 곧바로 포기하곤 했어요. 하지만 이제는 머리를 아프게 하는 내용을 만나도 인내하는 법을 배웠어요."

그리스도를 믿기 전에, 고든은 풀타임 직장생활을 계속 유지할 수 없었다. 그는 강력한 마약에 중독되었고 혼돈의 삶을 살았다. 2분 이상 가만히 앉아 있지 못했다. 그런데 그는 이제 40분짜리 설교를 아무런 문제도 없이 앉아서 듣고 기회 날 때마다 성경을 공부하는 걸 좋아한다. 우리는 교육받지 못했거나 박식하지 않은 사람을 경시해선 안 된다. 물론 완전히 문맹이거나 정신적으로 장애가 있는 사람들을 대할 때에는 교육학적인 방법을 조정할 필요가 있을 것이다. 좋은 교사라면 누구나 듣는 사람들의 수준에 맞게 가르치는 내용을 조정한다. 그렇지만 우리의 경험상, 우리는 가난한 사람들이 이해하지 못할 정도로 복잡해 보이는 교리적인 주제도 제시해야 한다. 만일 당신이 성령께 의지하면서 교리를 분명하게 잘 가르친다면, 하나님의 백성은 그것을 배워 그것을 통해 성장하길 원할 것이다.

리더십은 교리를 필요로 한다

신약성경은 교회 지도자에게는 어느 정도 이상의 교리적인 능숙함이 요구된다고 분명히 가르친다. 지도자들은 거짓 교훈과 신학적인 오류를 분별하여 이로부터 회중을 지킬 것이 요구된다.

- 바울은 장로에 대해, "미쁜 말씀의 가르침을 그대로 지켜야 하리니 이는 능히 바른 교훈으로 권면하고 거슬러 말하는 자들을 책망하게 하려 함"이라고 말한다(딛 1:9).
- 디모데에게 바울은, "내가 마게도냐로 갈 때에 너를 권하여 에베소에 머물라 한 것은 어떤 사람들을 명하여 다른 교훈을 가르치지 말며 신화와 끝없는 족보에 몰두하지 말게 하려 함이라. 이런 것은 믿음 안에 있는 하나님의 경륜을 이룸보다 도리어 변론을 내는 것"이라고 말한다(딤전 1:3-4).
- 그리고 다음 구절들은 디모데만이 아니라 교회 지도자들 모두에게 해당한다. "주의 종은 마땅히 다투지 아니하고 모든 사람에 대하여 온유하며 가르치기를 잘하며 참으며 거역하는 자를 온유함으로 훈계할지니 혹 하나님이 그들에게 회개함을 주사 진리를 알게 하실까 하며 그들로 깨어 마귀의 올무에서 벗어나 하나님

께 사로잡힌바 되어 그 뜻을 따르게 하실까 함이라"(딤후 2:24-26).

참된 교리는 생명을 주며 거룩하게 하지만 거짓 가르침은 영혼을
파괴한다(계 2:20-23을 보라). 따라서 바울은 "사나운 이리"가 양떼 가운
데 들어와서 "어그러진 말"을 할 것이라고 에베소의 장로들에게 경
고했다. 그리고 "여러분은 자기를 위하여 또는 온 양 떼를 위하여
삼가라. 성령이 그들 가운데 여러분을 감독자로 삼고 하나님이 자
기 피로 사신 교회를 보살피게 하셨느니라"(행 20:28)라고 당부했다.
건전한 교리를 명확하게 가르치는 지도자가 없는 교회는, 무리 뒤
에서 다리를 질질 끌며 걷는 부상당한 영양과 같다. 영적 포식자가
그들을 덮칠 것이다.

우리는 목사들과 교회 개척자들이 힘든 지역에서 사역하는 일이
더욱 많아지기를 위해 기도한다. 그러나 새로운 무엇인가를 시작하
거나 도전적인 그 무엇을 행하는 데에만 몰두하기 쉽다. 궁핍한 지
역에 사는 사람들은 기업가적이거나 창의적인 지도자를 필요로 하
는 것이 아니다. 그들이 필요로 하는 교회 지도자는 성도에게 단번
에 주신 믿음의 도를 가르치는 일에 헌신하는 사람이다(유 3절).

복음전도는 교리를 필요로 한다

교리는 복음전도의 내용을 형성한다. 또한 교리는 복음 전파를 위
한 동기와 방법도 우리에게 제공한다. 메즈와 나는 칼빈주의 교리

를 확신한다. 인간은 스스로 하나님을 선택할 수 없고 선택하려고도 하지 않는다. 우리는 하나님이 그런 죄인된 인간의 구원을 은혜롭게 계획하사 실행하심을 믿는다. 어떤 사람들은 '은혜의 교리'가 복음전도를 위한 열정을 파괴한다고 주장하면서(만일 하나님이 선택하고 구원하신다면 굳이 복음을 전할 필요가 없지 않느냐며) 반론을 펴지만, 우리는 정반대임을 믿는다. 당신은 영적으로 죽은 사람이 살아나도록 설득하겠는가 아니면 자기 백성을 그리스도와 함께 살리시는 하나님을 의지하겠는가(엡 2:1-10)? 바울이 복음 전파를 다루는 로마서 10장의 바로 앞장인 9장에 구원에 관한 하나님의 주권을 언급하는 내용을 배치시킨 것은 다분히 의도적인 것이다. 우리는 영적으로 죽은 사람을 생명으로 일깨울 정도로 충분히 현명하거나 충분히 명석하거나 충분한 설득력을 갖출 수 없다. 그렇다고 이것이 우리가 복음을 전해선 안 됨을 뜻하진 않는다. 우리의 복음 선포는 죄인 구원을 위해 하나님이 지정하신 방편이다.

이렇게 생각해보라. 만일 당신이 주택공급계획지역이나 갱단이 모인 곳으로 들어가서 복음을 전할 때, 당신이 어떤 사람을 설득하여 예수님을 믿게 할 수 있길 바라겠는가 아니면 하나님이 그곳에 있는 자신의 백성을 모두 확실히 구원하실 줄 알고 확신하겠는가? 바울이 계속 복음을 전할 수 있도록 격려가 필요했을 때, 주님은 고린도에 그분의 백성이 많다고 약속하셨다(행 18:9-10). 우리의 사역에 동기를 부여하는 것도 바로 이러한 소망이다. 우리는 니드리와 스털링파크에 있는 사람들을 하나님이 구원하시기를 소망하며 믿고 기도한다.

결론

교리를 가르치고 믿는 일에 헌신하는 것이, 힘든 곳에서 복음이 전파되는 데 방해가 되는가? 그렇지 않다. 사실, 교리를 가르치는 일에 헌신하지 않으면 제자를 삼고 예수 그리스도께 순종하도록 가르치는 우리의 지상사명은 완수될 수 없다. 선행을 통해 궁핍한 지역 사회에 예수님의 사랑을 보여주는 것만으로는 충분하지 않다. 사회 구조를 개선시키려고 열심히 일하는 것만으로는 충분하지 않다. 우리는 복음의 실제 진리들을 말해야 한다. 그렇게 하지 않으면 우리는 단지 우리 자신에게 영광을 돌리면서 그들을 죄와 죄책 가운데 방치하는 셈이다.

2부
힘든 곳에서의 교회

4장
파라처치 문제

몇 년 전에 나(메즈)는 앤디라는 젊은이를 방문하기 위해 남아프리카
공화국의 케이프타운으로 갔다. 앤디는 길거리 갱단들을 대상으로
사역하는 한 파라처치(parachurch) 단체에 소속되어 있었다.[1] 그는 예
전에 니드리에서 목회 훈련을 받았었고, 그의 사역을 영적으로 진
단할 겸 선교현장을 방문해줄 것을 내게 부탁했다. 어느 날 저녁에
우리는 20대로 보이는 그의 친구들 및 사역 동료들과 함께 식사모임
을 가졌다. 그들 모두는 젊고 앳되어 보였으며, 남아프리카공화국의
궁핍한 사람들 가운데서 주님을 위해 일할 각오가 대단했다.

---

1) 내가 사용하는 파라처치라는 말의 의미를 명확히 할 필요가 있다고 본다. 내가 이해하는
파라처치 단체는 대개 그 사역을 특정한 교회나 교회들과 연결시키지 않고서 사회복지
와 복음전도에 관여하는 단체이다. 이 단체들 중의 다수가 표방하는 목표는 교회 사역의
특정한 측면을 담당함으로써 교회들을 지원하며 그들과 협력하는 것이다.

그러나 이 젊은 선교사들의 대화를 들으면서, 나는 그들이 지역 교회 제도를 철저히 무시한다는 사실에 놀랐다. 어디서 예배를 드리는지를 내가 물었을 때, 슬프게도 그들의 대답은 너무나 스스럼 없었다. "우리는 친구들로서 함께 예배드려요. 두세 사람이 모인 곳에 예수님이 함께 계시니까요." 그리고 다음과 같은 말이 이어졌다. "지역 교회들은 맡은 일을 제대로 하고 있지 않아요. 그래서 우리는 교회가 사람들을 찾아가게 할 겁니다." 한 젊은 여성이 열띤 어조로 자랑스러운 듯이 내게 말하기를, 자신은 예수님에 대한 사랑을 입증하기 위해 굳이 지역 교회 안에 있을 필요가 없다고 했다. (그녀는 후에 집으로 돌아갔고 슬프게도 이제는 어디서도 예수님께 예배드리지 않는다.)

결국 이 젊은이들은 지역 교회 가족을 그들의 기독교 사역과 바꾼 것이다. 이 새로운 가족에서는 모두가 그들처럼 보고, 그들처럼 말하고, 그들처럼 생각하고, 또한 그들과 같은 열정(궁핍한 자들, 도움을 필요로 하는 자들을 위한 열정, 그리고 이들의 경우에는 갱단 단원들을 위한 열정)을 품고서 그 열정을 위해 매진했다. 이것은 그들로 하여금 '세상 대 우리'라는 대결구도로 상징되는 멘탈을 갖게 하였다.

하지만 이것은 영적으로 위험하다. 그들의 단체에서 파견된 간사 외에는 그들을 영적으로 점검할 수 있는 사람이 남아프리카공화국에 거의 없었다. 그들은 주위에 교제하는 그리스도인들이 없었고, 그들은 삶과 하나님과 지역 교회에 대한 서로의 견해를 신중한 검토 없이 지지하기 쉬운 영적으로 미성숙한 친구들의 단체였다. 내가 한 젊은 여성에게 그녀의 사역이 지역 교회의 중요성을 잘 이해하지 못한 것 같다고 지적하자, 다들 비웃었다. 그녀는 내가 결코 잊지 못할 말도 했다. "가난한 사람들은 지역 교회를 필요로 하기보다는 예수님을 더 많이 필요로 해요." 그녀의 친구들은 정곡을 찔렀다며 환호했다. 그리고 그 대화는 다른 주제로 옮겨갔다. 다른 주제로 옮겨간 것은 다행이었다. 나는 거기 모인 사람들 모두에게 일격을 가할 준비를 하고 있었기 때문이다.

지역 교회의 삶에 기여할 준비도 없고 그럴 마음도 없는 상태로, 더 큰 그리스도의 몸의 지체와 기관으로 살아 숨쉬며 기능하고 있는 사람들이 여기 있었다. 그 사실에 나는 어안이 벙벙했다. 고린도 전서 12장 18-21절에서 바울이 그토록 분명히 지적했던 문제를 그들은 보지 못하고 있었다. "그러나 이제 하나님이 그 원하시는 대로 지체를 각각 몸에 두셨으니 만일 다 한 지체뿐이면 몸은 어디냐. 이제 지체는 많으나 몸은 하나라. 눈이 손더러 내가 너를 쓸 데가 없다 하거나 또한 머리가 발더러 내가 너를 쓸 데가 없다 하지 못하리라." 이 젊은 지체들이 몸에서 떨어져 이리저리 배회하고 있었다. 그들은 그렇게 함으로써 당하는 해나 위험을 알지 못했다.

돌아오는 비행기 안에서 나는 이 문제를 더 곰곰이 생각했다. 지역 교회에 대한 이 젊은이들의 잘못된 태도가 전적으로 그들 탓이었을까? 지역 교회의 가르침과 제자화에 문제가 있었을까? 그들을 고용했던 파라처치 단체들에게 문제가 있었을까? 여러 가지 요소들이 두루 관련되어 있다는 생각이 들었다. 비록 이 젊은이들 중의 일부가 잘못된 길로 가고 있었지만, 그들이 나쁘기만 한 건 아니었다.

어떤 이들은 하나님께 영광 돌리기 위한 동기를 갖고 있었다. 앤디가 그런 예였다. 그곳에서의 사역에 대해 그는 이렇게 말한다. "남아프리카공화국으로 갈 계획을 세웠을 때, 나는 가능한 한 철저히 헌신하려는 마음을 굳혔습니다. 사역하려는 지역 전체를 예수님을 위해 변화시키기 위해 한 친구와 함께 떠났어요." 그는 경건하고 의식 있는 젊은이였다. 부와 명성을 추구하는 것이 아니었다. 그는 단지 가난한 사람들 가운데서 그의 주님이자 구주되시는 분을 섬기길 원했을 뿐이다. 하지만 그는 지역 교회를 자신의 큰 뜻을 실현하는 데 도움이 되는 그릇으로 보기보다는 자신의 일에 방해가 되는 존재로 여겼다.

그는 자신이 몸담은 기독교 단체를 지역 교회의 확실한 대안으로 간주했다. 또한 그는 지역 교회의 필요성을 그다지 느끼지 않고서 민족들을 위해 큰일을 했던 C. T. 스터드나 허드슨 테일러 같은 믿음의 위인들에 대한 이야기들을 읽었다. 그는 교회보다는 특화된 기독교 단체에 소속됨으로써 가난한 사람들 가운데서 더 효과적으로 하나님을 섬길 수 있을 것이라는 판단을 내렸다. 전문화된 기독교 단체는 그 일을 위해 교회보다 준비를 더 잘 갖추고 있는 것으로 보였고, 교회는 '조직화된 따분한 모임'처럼 여겨졌다.

교회의 문제점은 파라처치의 매력이다

내가 만나본 사람들 중에서 지역 교회를 거의 활용하지 않는 이들은 앤디와 그의 친구들만이 아니었다. 남아프리카공화국을 방문한 지 몇 년 후에, 나는 스코틀랜드 곳곳의 주택공급계획지역에서 사역하는 목사들과 교회 지도자들의 모임을 개최하려고 시도했다. 여러 교회들에 초청장을 보내고 복음주의 계열의 연락망에다 광고 글도 실었다. 한 친구는 심지어 시골에 있는 자신의 집을 이틀간 사용할 수 있게 해주었다. 몇몇 사람들이 참석하였고 그 중에 단 한 명만 목사였다. 그 사람도 실은 교회 목회자라기보다 (여러 해 동안) 주택공급계획지역에서의 사역을 조직하려고 시도해 온 선교사라고 할 수 있었으며, 그는 그곳에서 새로운 회심자를 거의 얻지 못하고 있었다. 다른 사람들은 모두 기독교 단체들에 소속되어 있었고, 대부분은 청소년과 어린이를 대상으로 사역하는 사역자들이었다.

나는 그 모임에서 여러 개념과 자료들을 교환하길 원했지만, 그 모임이 진행되면서 그것은 긴 상담시간으로 바뀌었다. 청소년과 어린이 사역을 담당하는 사역자들은 낙심되어 있었다. 그들은 대체로 지역 교회의 손길이 닿는 범위 밖에서 일하고 있었으며, 대부분의 지역 교회는 그들에게 무관심하거나 그들의 사역 대상인 문제 청소년과 어린이들을 선도할 만한 능력이 없었다. 게다가 그들은 그들의 개인적, 영적 삶을 점검해주는 책임성(accountability) 아래 놓이지 않은 무방비 상태로 일하고 있었다.

그 결과 이 기독교 사역자들 중 다수는 자신이 종사하는 사역의 규모와 어려움에 압도되었다. 심지어 청소년 지도자들 중의 한 명은 포르노 중독을 포함한 온갖 종류의 죄에 연루되어 있었다. 우리의 만남이 끝나갈 무렵에, 나는 그가 아직 거듭나지도 않았음을 확실히 알게 되었다. 그 모든 경험을 통해 나는 스코틀랜드 주택공급 계획지역 내 기독교의 미래에 대해 암울함과 두려움을 느꼈다. 마치 우리가 물총으로 산불과 싸우고 있는 것 같은 느낌이었다. 우리는 무엇을 해야 할까?

만일 교회 지도자들이 이런 문제를 놓고서 진지하게 토론하길 원한다면, 그들은 몇 가지 힘든 현실들을 직시할 필요가 있다. 스코틀랜드와 미국 전역의 가난한 지역 사회들 중에는 견고하고, 살아 있고, 그 지역에 현지화되어 있는 복음적 교회가 없는 곳들이 많다. 그런 지역에 존재하는 교회들의 대다수는 그리스도가 빠진 메시지를 전하는 죽어 있는 자유주의 교회들이거나 아무도 귀 기울이지 않는 복음을 가지고 있는 늙어 가는 정통 교회들이다. 이 교회들은 이웃의 가난하고 억눌린 사람들에게 복음 전하는 일을 거의 하지 않는다.

만일 우리가 솔직하다면, 많은 교회들이 설령 인근의 가난한 사람들을 향한 마음은 있다고 하더라도, 그들에게 다가갈 구체적 계획이나 그 일을 해낼 유무형 자원이 없음을 우리는 시인해야 한다. 가난한 지역에 효과적으로 복음 전하는 법을 아는 교회는 극소수이며, 이런 지역에서 그리스도께 나아온 사람들을 제자화하기 위한 계획을 가지고 있는 교회는 더욱 찾기 힘들다. 게다가 가난한 지역에서의 사역을 위해서는 너무 많은 시간과 노력과 인력과 자금이 요구되기 때문에, 현상유지를 위해 안간힘을 쓰고 있는 보통의 지역 교회에게 그 일은 마치 산을 오르는 일처럼 느껴진다. 그 결과 이런 지역에서의 사역을 시도하는 교회들 중에는 '걸리면 좋다는 식의 되는 대로의 복음전도'나 '푸드뱅크'와 같은 긴급 구호 사역의 차원을 넘어서는 경우가 거의 없다. 그래서 많은 교회들은 체념하고서 파라처치 사람들에게 그 일을 떠넘긴다.

관심 있는 신자들과 영적인 기업가들이 교회의 손이 닿지 않는 틈새를 목격한 후, 전문화된 사역을 통해 그 틈새를 메우려고 하는 것은 놀라운 일이 아니다. 주택공급계획지역과 세계 도처의 다른 많은 가난한 지역들에서 기독교청소년단체, 어린이단체, 푸드뱅크, 의류뱅크, 아침식사제공서비스, 노숙자보호소 등이 확산되는 것도 바로 이 때문이다. 솔직히, 달리 채워질 수 없는 결핍 상황을 채우기 위해 뛰어드는 선의의 형제자매들을 비판하기는 힘들다. 가난한 지역에서 행해지는 이 전문화된 사역단체들과는 달리, 이런 지역의 교회들은 세례(또는 침례)를 주는 숫자보다 장례를 치르는 숫자가 더 많다.

이를 전문화된 파라처치 단체들의 사역과 비교해보라. 그들 중에는 위대한 마케팅 전략, 풀타임 모금 부서, 멋진 온라인 멀티미디어, 젊은이들에게 힘든 지역에서 봉사할 수 있는 짜릿한 기회 제공 등을 통해 엄청난 자금을 확보하는 단체들도 많다. 실제로 비교가 되지 않는다. 앤디는 다음과 같이 잘 요약했다. "왜 내가 교회를 위해 일하겠어요? 교회에서는 조직과 권위의 방해를 받으며, 보다 철저히 헌신하기도 힘들죠. 신약성경을 읽을 때, 내 눈에 보이는 건 피곤하고 지루한 전통이 아니라 생기와 활력입니다. 피곤하고 지루한 전통에 내 삶을 바치고 싶지 않아요."

교회의 멤버로 합류하는 것보다는 '교회인 것(being the church)'에 대해 말하는 데 더 흥미를 느끼는 사람들에게 공감하게 되기 쉽다. 교회들이 자기 의무를 다하지 않거나 아니면 교회가 아예 존재하지 않는 주택공급계획지역이나 저소득층주택단지나 그밖의 열악한 지역의 이웃에게 다가가기 위한 전문화된 사역단체를 비난해선 안 된다. 건강한 교회가 부재한 상태에서, 우리는 지역 교회의 한계를 넘어 사역하는 이 기독교 단체들을 따르는 젊은이들을 전적으로 비난만 할 순 없다. 그런데, 나방이 아무 생각 없이 불로 뛰어드는 것처럼, 그들은 종종 아무 생각 없이 무비판적인 환영을 받는다.

봉사하는 짜릿함이 넘치는 바깥세상이 기다리고 있는데, 세상을 바꾸려는 열정적인 젊은이들이 진부한 전통에 집착하는 노인들로 가득한 지역 교회에 매달리겠는가? 리더십이 종종 폐쇄적인 모습을 보이기도 하며, 세상과 담을 쌓고 권위에만 집착하는 사람들이 수십 년간 운영해 온 교회에서, 왜 그 젊은이들이 굳이 새로운 아이디어를 내놓으려 하겠는가? 그저 안전한 것만 찾고 새로운 것이면 무엇이든 거부하는, 시대에 뒤떨어진 사람들의 리더십에 누가 복종하고 싶겠는가? 앤디는 이렇게 회고한다. "나는 더 많은 것을 찾고 있었고, 전문화된 파라처치 단체가 그 모든 갑갑한 구조를 건너뛰게 해줌으로써 내가 더욱 철저하고 성경적인 그 무엇을 시작할 수 있게 해줄 거라고 생각했어요."

이런 태도는 여러 가지 물음들을 야기한다.

- 교회가 인근의 가난한 지역 사회와 연결되려 하지 않거나 효과적으로 연결될 능력이 없을 때 우리는 무엇을 해야 하나?
- 실제로 교회들이 세상의 힘든 곳으로 다가가려는 앤디와 그의 친구들 같은 젊은이들을 뒤로 잡아당기나?
- 앤디와 같은 젊은이들이 가난한 지역 사회에서 일하기 위해 지역 교회를 건너뛰고 전문화된 사역단체에 합류하는 현상을 멈추기 위해 무언가를 하여야 하나?
- 전문화된 사역단체들이 궁핍한 자들을 돌보는 면에서 실제로 더 나을까? 그것들이 해결책일까?

파라처치의 함정들

나와 나의 가족은 몇 년 전에 뉴욕에서 5주를 지냈다. 뉴욕은 우리가 TV에서 보고, 고급 잡지에서 읽었던, 그리고 한번 직접 보기를 꿈꾸어 왔던 도시였다. 그 꿈이 실현되리라고는 생각도 못했었다. 우리가 뉴욕에 가게 되었다는 소식을 듣고 나서 뉴욕을 생각만 해도 에든버러가 칙칙하고 따분해 보였다. 그곳에 가게 될 날을 손꼽아 기다리면서 우리는 마음속으로 그곳을 그리며 잔뜩 흥분했다. 마침내 그곳에 도착했을 때, 그 도시는 우리를 실망시키지 않았다. 스코틀랜드의 수도에 비해 그곳은 거대하고 활력이 넘쳤다. 분주하고 시끌벅적하며 다채롭고 역동적이었다. 우리는 그곳을 사랑했고, 그 도시는 우리의 모든 기대를 채우고도 남았다.

그러나 우리가 그곳에서 몇 주 동안 지내는 동안 세계적으로 유명한 뉴욕 지하철을 탔을 때, 우리는 크고 자신만만한 외관 이면의 뉴욕을 보기 시작했다. 어느 날 전철을 기다리고 있는 동안, 내 막내딸이 우리가 선 곳 아래쪽의 철로에서 먹을 것을 찾아다니는 쥐들을 스무 마리 넘게 세었다. 그리고 센트럴파크는 아름다웠지만 노숙자와 거지들로 가득했다. 그 도시의 예술과 건축물과 위용의 이면에는 수많은 죄와 악과 고통이 있었다. 겉으로 보기와는 딴판이었다. 물론 우리가 뉴욕을 죄 없는 낙원으로 생각할 만큼 순진하진 않았지만, 그곳에서의 경험을 통해 우리 주변의 모든 것이 부서져 있음을 상기하게 되었다. 많은 것들이 표면적으로는 좋아 보이지만, 당신이 표면을 긁으면 그 아래 부분을 보게 된다.

마찬가지로 교회는 비판당하기 쉬운 표적이다. 교회의 많은 것들이 그릇될 수 있다. 그러나 파라처치 사역단체들도 마찬가지이다. 가난한 지역에서 사역하는 사역단체는 특히 그러하다.

파라처치 사역단체를 지원하는 사람들이(특히 가난한 사람들을 대상으로 사역하는 사람들이) 내세우는 주장들 중의 하나는, 교회가 하지 못하는 일을 그들이 효과적으로 할 수 있다는 것이다. 어떤 면에서 그것은 사실이다. 신용경색이 전 세계를 휩쓰는 와중에서 스코틀랜드의 수많은 사람들은 분명 식량 지원을 고맙게 받아들이고 있다. 그러나 21세기의 스코틀랜드 주택공급계획지역에서 이루어진 파라처치 사역의 역사를 살펴보면, 수십 년에 걸친 파라처치 사역의 장기적인 영적 결실에 대해 의문을 갖게 한다. 그곳 사람들이 몇 명이나 회심했을까? 건강한 지역 교회들이 있는가? 내가 조사한 바로는 그런 교회가 전혀 없다. 사실 그 지역들에는 다른 곳에 비해 교회 수가 더 적다.

눈에 거슬릴 수도 있지만, 우리는 곤란한 사실들을 직면해야 한다. 칼 트루먼(Carl Trueman)이 언젠가 말했듯이, "파라처치는, 종속적이며 비교적 중요하지 않은 방식으로, 오로지 교회를 돕기 위해서만 존재한다."[2] 어쩌면 이 거대한 파라처치 실험이 지역 교회에 도움을 주지 못했을 수도 있다. 어떤 지역에서는 파라처치가 도리어 하나님 나라를 약화시켰고, 그리스도의 신부를 세우지도 못했다. 예를 들어, 우리 교인들 중에는 파라처치 단체를 위해 '일하느라고' 주일예배의 4분의 3을 빠트려야 하는 이들도 있다. 그들은 어디서 예배를 드리는가? 아무데서도 드리지 않는다. 그들은 소속 단체에 충성하는 것이 곧 예배라고 배워 왔다.

물론 우리는 '믿기로 결단을 내렸거나' 온갖 방법으로 도움을 받은 젊은이들에 대해 말하는 멋진 소식지들을 읽고 많은 이야기들을 듣는다. 하지만 그들이 그 다음에는 어떻게 되었나? 만일 우리가 교회에게 어려운 질문을 던지려면, 파라처치에 대해서도 같은 질문을 물어야 한다.

---

2) "How Parachurch Ministries Go Off the Rails," *9Marks*, March 1, 2011, http://9marks.org/article/journalhow-parachurch-ministries-go-rails/.

- 예수님을 믿기로 결단했던 이 젊은이들이 10년 후에는 모두 어디에 있는가? 그들은 어느 교회에 소속되어 있는가? 그들은 어떻게 제자화되었는가?
- 전도하고, 제자화하며, 바닥부터 회심자들의 성장을 도왔던 단체의 리더들과 간부들 중 그 지역 토착민은 어디에 있는가?
- 지역 교회에 의미 있게 연결되지 않은 복음전도의 불리한 점에 대해 생각해보았는가? 지속적으로 물을 공급하는 수원으로부터 수마일 떨어진 사막에서 한 컵의 물로 할 수 있는 것이 무엇일까?

내가 우려하는 바는, 많은 파라처치 사역단체들이 지역 교회를 돕기보다는 지역 교회와 직접적인 경쟁을 벌인다는 것이다. 예컨대, 몇 년 전에 우리 교회는 주택공급계획지역에서 12개월간 진행될 교회 개척 타당성 조사를 위한 자금 지출을 결의했다. 우리는 상세한 타당성 조사를 진행하기 위해 그 지역으로 이주하는 한 젊은 부부에게 보수를 지불했다. 우리는 교회 개척의 필요성을 확신하지 못했고, 그래서 현장 상황을 정확히 파악하길 원했던 것이다. 그런데 그 가족이 그곳으로 이주한 직후에, 한 파라처치 단체의 간부가 나를 찾아왔다. 그녀는 우리가 그 단체의 허락을 구하지 않았다고 화를 냈으며, 그들에게 사전에 연락하지 않은 이유를 알려줄 것을 요구했다.

나는 우리가 그 지역을 조사하고 있으며, 현장에 파견된 사람은 그곳 사람들과 접촉하고 필요한 것들을 관찰한 후 우리 교회의 장로들에게 보고서를 제출해서 우리가 이를 바탕으로 함께 토의하고 기도할 예정이라고 답해 주었다. 결과적으로 교회 개척이 힘들 거라는 판단이 나와서 우리는 그곳에서 이미 개척 사역을 시작한 다른 교단의 젊은 부부를 지원하기로 결정했다. 하지만 우리의 사역에 '위협'을 느낀 그 파라처치 관계자는 그들 단체의 이름으로 그 지역에서 일할 풀타임 사역자를 고용하였다.

그 단체는 그 지역 사회에 지역 교회가 없다며 불평했다. 또한 그들은 지역 교회와 의미 있는 파트너십을 모색한다고 공공연하게 표명했다. 하지만 실제로는 제 역할을 하는 지역 교회가 그들의 눈에는 그들의 사역에(그리고 그들의 자금 마련에) 해를 끼치는 것으로 보였고, 그래서 그들은 우리가 그들의 시장에 끼어들지 못하게 하기 위해 모든 노력을 다 기울였다.

그러면 가난한 사람들과 관련한 교회의 실패에 대해 무엇을 말할 수 있을까? 파라처치 사역단체들이 해결책일 순 없다는 것이 분명하다. 여러 파라처치 사역단체들이 겉보기에 현란하며 매혹적일지라도, 하나님은 지역 교회에 맡기신 임무를 그들에게 맡기지 않으셨다. 교회들의 실패와 연약함에도 불구하고, 교회는 힘든 곳에서든 다른 어느 곳에서든 복음 사역을 위해 하나님의 인정을 받아 설립된 지상 유일한 기관으로 남아 있다. 다음 장에서는 교회의 역할을 살펴볼 것이다.

5장
해결책인 지역 교회

===

"만일 우리가 마음을 쓰는 다른 모든 대상들보다 교회를 더 좋아하지 않는다면, 우리는 교회의 멤버로 간주되기에 적합하지 않다."

존 칼빈, 「시편 주석」에서

때로는 세상이 당신을 아프게 한다. 내(메즈)가 피카추를 처음 만났을 때 그 아이는 10세 정도였다. 매우 귀엽고 엄청 친절했던 그 아이는 더럽고 누런 시트 아래 덤불 속에서 열 명 가량의 다른 아이들과 함께 살고 있었다. 그는 가장 나이 많은 아이들 중의 하나였고, 어린 식구들을 보호하려고 필사적이었다. 나는 브라질의 상루이스에서 여러 길거리 갱단들과 접촉하려는 노력의 일환으로 주스와 신선한 빵을 길거리로 가져가는 사역을 방금 시작했었고, 피카추와 나는 곧바로 친한 친구가 되었다.

내가 그 아이를 알게 된 이후로 몇 년에 걸쳐 아이의 얼굴은 점점 더 낯익고 나이 들고 피곤해 보이게 되었다. 나는 그를 매일 보았다. 아이는 나를 꽉 껴안곤 했다. 우리는 함께 앉아서 먹고 마셨고, 나는 그 아이와 그의 친구들에게 소망이신 예수님을 전해주곤 했다. 그는 집중해서 들었고 종종 나에게 함께 기도해줄 것을 부탁했다. 때로는 우리가 함께 합창을 하기도 했다. 어느 날 나는 어디 출신인지를 피카추에게 물었고, 그 아이는 내게 대답했다. 부모가 보고 싶냐고 묻자 그 아이는 그렇다고 말했다. 길거리 생활을 청산하고 부모를 만나서 학교에도 다시 다닐 수 있도록 함께 부모를 찾아가자고 설득했을 때, 아이는 마지못해 동의했다.

많은 노력 끝에, 마침내 우리는 쓰레기더미 가장자리에 있는 그의 집을 찾아냈다. 그 가족의 '집'은 나무상자들과 낡은 울타리 기둥들과 자동차 차체조각들과 흙으로 만든 것이었다. 목재 마룻바닥 아래로 흐르는 시내에서 나는 하수 냄새가 코를 찔렀다. 욕실 크기에 불과한 그곳에서 열한 명이 살고 있었다. 끔찍스러웠다. 피카추가 길거리를 훨씬 더 나은 곳으로 여겼던 것도 놀랄 만한 일이 아니었다.

나는 그 아이가 마치 돌아온 탕자처럼 집에서 환영받을 거라고 생각했다. 하지만 아이의 엄마는 아들을 보자마자 욕지거리를 하며 소리 지르기 시작했고, 나더러 아이를 데리고 가라며 소리쳤다. 심지어 그녀는 아이를 내게 팔려고까지 했다. 나중에 한 노인이 발을 질질 끌며 집에서 나와서 아무런 이유 없이 아이를 때리기 시작했다. 우리는 급히 물러났고, 후에 내가 알게 된 바에 따르면, 아이의 엄마는 아이더러 나가서 죽으라고 말하고 있었고, 그 노인은 아이의 할아버지로서 그 아이를 아기 때부터 성폭행했었다.

그 지역을 걸어 나오던 때가 기억난다. 수백 명의 아기들과 아장아장 걷는 아이들이 길거리에서 놀고 있었다. 다음 세대 피카추들을 위한 사육장에 내가 비틀거리며 들어섰다는 것을 깨달았다. 나는 토할 것 같았고, 화가 났고, 절망감을 느꼈다. 영혼을 짓이기는 그러한 현실에서, 이따금 제공하는 빵과 주스와 근사한 성경 이야기는 별 소용이 없는 것 같았다. 더 많은 것이 필요했고, 나는 그것이 무엇인지를 알지 못했다.

피카추와 같은 아이들을 위해 내가 할 수 있는 모든 노력을 다 기울였지만, 사실상 나의 길거리 사역은 그 청소년들의 삶에 별다른 영향을 미치지 못했다. 우리가 할 수 있는 최선의 일은 위기 개입이었다. 지속되는 희망이나 변화는 없었다. 우리가 보호시설로 옮긴 아이들은 종종 몇 날이 못 되어 다시 길거리로 나가서 구걸하거나 마약을 사려고 자신의 몸을 팔곤 했다. 너무나 많은 아이들이 우리 청소년센터의 '단골손님'이 되었다. 외부인들에게 우리는 분주해 보였고(우리는 실제로 분주했다), 부유한 선진국 후원자들에게 근사한 사진과 사역적인 면에서의 성공을 보여줄 수 있었다. 그러나 나는 매일 진실과 대면하며 살았다. 솔직히, 다람쥐 쳇바퀴 도는 것 같은 일에 의기소침해졌다.

어느 날 나는 정말 견디기 힘든 상황에 직면했다. 전혀 예기치 않은 상황이었다. 나는 평소에 피카추를 만나는 곳으로 갔다. 그날에는 여느 때보다 아이들이 더 많았다. 가까이 다가가는데 아기 우는 소리가 들렸다. 불과 열두세 살 정도 된 아이의 팔에 아기가 안겨 있었다. 아이가 방금 전에 낳은 아기였다. 내가 그 어린 산모에게 그녀의 엄마에 대해 묻자, 아이는 그 아기의 할머니도 다른 지역의 길거리 아이로서 이십 대 중반 정도 나이라고 말했다. 이 문제는 사회적이며 제도적이며 세대로 이어지는 문제라는 것을 뼈저리게 깨닫는 순간이었다.

내가 생각을 추스르고 있을 때, 피카추는 활짝 웃는 얼굴로 내게 와서 자신의 여동생을 소개했다. 황금빛 피부와 순진한 갈색 눈을 지닌 너무나 귀여운 여자아이였다. 왜 그 아이가 그곳에 있는지를 내가 묻자, 피카추는 이렇게 말했다. "우리랑 같이 살려고 왔어요. 목사님, 저 아이들도 다 그래요. 쟤들도 우리에게 먹을 것을 주고 우리를 사랑해주는 목사님에 대해 들었어요. 그래서 이곳으로 왔어요." 피카추는 이제 20명 가량으로 불어난 아이들을 손으로 가리켰다.

나는 말을 잇지 못했다. 나의 사역은 길거리 아이들을 가정으로 돌려보내기 위한 것이었다. 하지만 의도와는 달리 내가 아이들을 가족으로부터 길거리로 끌어내고 있었다. 나는 그들이 피해 나온 열악한 주거상태와 학대 상황을 알고 있었지만, 스스로를 정당화할 수는 없었다. 아이들을 위한 집을 마련함으로써 이 문제에 대처해 온 사람들도 있다. 그러나 이들 어린이집의 다수가 비록 엄청난 일을 하고는 있지만, 아이들에게는 그저 자주 들락거리는 회전문에 지나지 않았다. 나는 내가 하고 있던 모든 일을 재평가해야 했다.

해결책인 지역 교회

우리 도시의 길거리 아이들 문제의 근원을 알아내기 위해, 나는 이 아이들이 어디서 왔는지를 추적하기 시작했다. 그들 중의 대다수가 도시 변두리에 위치한 어느 가난한 지역에서 왔다는 사실이 분명해졌다. 그래서 어느 날 나는 몇몇 동료 브라질 사람들과 함께 그 지역으로 가서, 그곳에서 교회를 시작할 가능성에 대해 의논했다. 몇 달 내에 우리는 땅을 매입하여 커뮤니티 센터와 작은 학교와 축구장을 지었고, 굿뉴스교회가 탄생했다.

몇몇 브라질 사람들과 함께, 우리는 새 건물에서 성경공부와 주일아침예배를 위해 모이기 시작했다. 곧 지역민들이 와서 복음을 듣고 구원을 받았다. 제자화 과정의 일환으로 우리는 사역을 위해 그들을 훈련시켰고 그들의 아이들을 교육시켰으며 또한 스포츠 활동과 어린이 클럽들을 제공했다.

그 차이는 놀라웠다. 길거리 아이들을 위해 2년 동안 사역했을 때에는, 단 한 명의 아이도 그 생활양식으로부터 구해내지 못했었다. 섬뜩하고 위험스러운 상태에 처해 있었음에도 불구하고, 그 아이들 중의 대부분은 자신의 생활을 바꾸길 원치 않았다. 심지어 우리가 그들을 집으로 데려다가 입히고 먹여도 그들은 매한가지였다. 그들은 자신의 생활양식과 그로 인한 자유에 익숙해져 있었다. 하지만 내가 굿뉴스교회에서 사역하는 동안에(그리고 내가 그곳을 떠난 이후의 여러 해 동안) 수많은 아이들이 그 세계에 빠져들지 않도록 예방되었다. 이 모든 것은 단순한 전략의 변화 덕분이었다. 위기 방지 사역으로부터 복음을 전하는 교회 설립으로 전략을 바꾼 것이다. 교회를 통해 가난한 사람들을 환영하고 그들의 삶 전체를 돌보는 사역을 모색할 수 있었다. 그것은 더디게 진행되는 일이었다. 재정적인 비용이 더 많이 들고 개인적으로도 더 많은 수고가 요구되었다. 하지만 나는 브라질의 길거리 아이들을 위해 일함에 있어 교회를 통한 사역의 장점을 지금도 확신한다.

지역 교회가 정말 중요한가[1]

한마디로 말하자면, 그렇다. 우리가 말한 지역 교회의 모든 실패들과 여러 파라처치 사역단체들의 상대적인 매력에도 불구하고, 마이크와 나는 건강하고 복음중심적인 지역 교회들이 힘든 곳에서의 사역을 위해 하나님이 정하신 방법이라고 주장한다. 어떤 이들은 예

---

1) J. 맥 스타일스(J. Mack Stiles)는 지역 교회에 대한 유용한 정의를 제시했다. "교회는 하나님이 정하신, 서로에게 헌신하는 신자들의 지역 모임이다. 그들은 정기적으로 모이고, 말씀을 가르치고, 성찬식과 세례식(또는 침례식)을 거행하고, 멤버들을 권징하고, 성경적인 리더십 구조를 조직화하고, 함께 기도하며, 헌상한다." "Nine Marks of a Healthy Parachurch Ministry," 2011년, 3월 1일, *9Marks*, www.9marks.org/journal/nine-marks-healthy-parachurch-ministry.

수님을 알리는 한, 누가 그 일을 하든 중요하지 않다고 생각할 수도 있다. 하지만 우리는 여러 가지 이유로 인해 교회가 중요하다고 생각한다.

1. 지역 교회는 하나님이 세상에서 그분의 선교를 성취하도록 의도하신 방법이다

하나님은 주로 교회를 통해서 자신을 알리기를 원하신다. 지역 교회는 하나님의 주된 복음전도 전략이다. 따라서 사도 바울은 자신의 사역 전략을 회고하면서 이렇게 썼다. "내가 예루살렘으로부터 두루 행하여 일루리곤까지 그리스도의 복음을 편만하게 전하였노라. 또 내가 그리스도의 이름을 부르는 곳에는 복음을 전하지 않기를 힘썼노니 이는 남의 터 위에 건축하지 아니하려 함이라"(롬 15:19-20).

바울은 예루살렘부터 일루리곤(오늘날 발칸 지역으로 불림)까지의 지역을 복음이 전해진 지역으로 생각했다. 그곳에서 복음이 "편만"하게 전해졌다고 말한다. 바울이 그 방대한 지역의 모든 지역 사회와 가정마다 복음을 전했기 때문에 그렇게 말했을까? 물론 그렇지 않다. 바울이 이 지역을 자신의 전도대상 목록에서 제외시킬 수 있었던 이유는, **그 지역에 교회들이 있음을** 알았기 때문이다. 바울은 그곳의 교회들을 통해 복음이 주변 지역 사람들에게 전해질 것을 알고 있었다. 지역 교회들이 지역적 복음전도 사명을 수행한다.

교회는 하나님의 선교 계획의 핵심에 위치한다. 사도 바울이 디도와 디모데 같은 사람들을 보내어 신자들을 독려하고자 했을 때 독립적인 파라처치 사역단체를 세우게 하지 않고 지역 회중을 세우게 했던 것도 바로 이 때문이다. 사실, 거의 모든 신약 서신들이 특정한 교회들에게 보내졌다. 요컨대, 하나님이 세상에서 당신의 나라를 대표하게 하기 위해 택하신 것은 다른 어떤 인간 단체가 아니라 바로 지역 교회이다.

2. 하나님께 지역 교회가 중요하므로 우리에게도 중요해야 한다

사도 바울은 에베소 교회에게 쓴 편지에서 이렇게 말한다. "또 만물을 그의 발 아래에 복종하게 하시고 그를 만물 위에 교회의 머리로 삼으셨느니라. 교회는 그의 몸이니 만물 안에서 만물을 충만하게 하시는 이의 충만함이니라"(엡 1:22-23). 교회는 이 땅에서 예수님의 몸이다. 이 보편 교회는 유대인과 헬라인, 남자와 여자, 교육을 받은 자와 받지 않은 자, 종과 자유인 등 온갖 부류의 사람들로 구성되어 있다. 우리가 니드리에 있든 아니면 미국의 시골지역에 있든 마찬가지이다. 만일 우리가 예수님을 따른다면, 워싱턴 DC에 살든 혹은 에든버러에 살든 우리 모두는 그분 안에서 하나이다. 우리는 신자들의 모임인 지역 교회를 통해 이 땅에서 함께 그리스도를 대표한다. 그러므로 교회는 하나님의 목적에 중심적인 역할을 하며 우리 주변의 세상에 유익을 끼친다. 점점 더 적대적인 문화 속에서 살아가는 오늘날에도 마찬가지이다.

하나님이 교회를 설계하신 것은 주로 당신의 영광을 위해서이다.

에베소서 3장 10절에 따르면, 하나님은 교회를 통해 자신의 다면적인 지혜를 알리고자 하신다. 모든 교회는 결함이 있지만, 그럼에도 모든 참된 교회는 하나님의 무한하신 영광과 지혜를 보여주는 쇼케이스이다. 성경은 교회가 하나님의 목적을 위해 중심적인 역할을 한다고 가르친다. 따라서 교회는 모든 참된 그리스도인의 삶에 있어 중심적이어야 한다. 바울은 이렇게 말한다. "남편들아 아내 사랑하기를 그리스도께서 교회를 사랑하시고 그 교회를 위하여 자신을 주심 같이 하라…누구든지 언제나 자기 육체를 미워하지 않고 오직 양육하여 보호하기를 그리스도께서 교회에게 함과 같이 하나니"(엡 5:25,29).

교회가 많은 결함을 가지고 있고 주변 세상에 제대로 빛을 비추지 못하는 것 같은 현실에도 불구하고, 예수님은 교회를 사랑하신다. 교회는 예수님의 신부이며 예수님은 다른 대안을 전혀 계획하지 않으신다. 사도행전 20장 28절에 따르면, 예수님은 자신의 피로 교회를 지으셨다. 교회는 예수님을 위해, 예수님에 의해, 그리고 예수님 위에 지어졌다. 그러므로 예수님을 지역 교회로부터 분리하는 것은 생각조차 할 수 없는 일이다. 만일 복음이 하나님의 위대한 구원 계획에 있어 다이아몬드라면, 교회는 그것을 지탱하고 받치고 그것을 가장 밝게 빛나게 해서 세상에 드러내는 다이아몬드 걸쇠이다.

3. 지역 교회는 신자들이 성장하는 곳이다

또한 지역 교회가 모든 그리스도인의 삶에 있어 중요한 이유는 우리가 그곳에서 교리를 배우고 책망을 받으며 의로 훈련받기 때문이다. 바울은 "그가(그리스도께서 친히) 어떤 사람은 사도로, 어떤 사람은 선지자로, 어떤 사람은 복음 전하는 자로, 어떤 사람은 목사와 교사로 삼으셨으니 이는 성도를 온전하게 하여 봉사의 일을 하게 하며 그리스도의 몸을 세우려 하심이라. 우리가 다 하나님의 아들을 믿는 것과 아는 일에 하나가 되어 온전한 사람을 이루어 그리스도의 장성한 분량이 충만한 데까지 이르리니"(엡 4:11-13)라고 에베소 교인들에게 상기시킨다.

니드리와 같은 토지공급계획지역에서, 사람들은 지역 교회만이 제공할 수 있는 합심된 노력을 필요로 한다. 파라처치 사역을 통해 복음을 들은 사람들이 우리 교회에 나타나는 경우가 꽤 자주 있다. 그들은 거의 항상 성경 지식과 그리스도인으로서의 행동 사이에 큰 간극을 보인다. 끈기 있게 가르치며 훈련시키는 지역 교회 없이는, 이 사람들은 무기한 버둥거릴 것이다.

론(Ron)이 이런 문제를 보여주는 좋은 예이다. 그는 자신의 중독증에 대처하도록 도와준 한 기독교 단체에 얼마 동안 몸담은 후에 우리에게로 온 젊은이였다. 그 기독교 단체에 몸담은 동안 그는 예수님을 믿는 신앙을 고백했고 중독 문제에서 벗어나 그리스도인답게 살려고 추구했었다. 그는 성경을 가지고 있었고 인터넷을 활용했지만 지역 교회 내의 친교는 거의 경험하지 못했다.

그 결과 신앙을 고백하는 사람 중 그가 아는 사람이라고는 모두 중독자였으며, 그가 그리스도인으로서 경험한 것은 모두 중독과 관련된 것이었다. 그는 이런 문화와 세계관 밖에 있는 사람과 전혀 어울려본 적이 없었고, '예수님께 나아가고 깨끗함을 유지하려고 노력'하는 수준을 넘어 성장하진 못했다. 그는 진짜 신자였지만, 말씀과 교회 공동체라는 측면에서 영적으로 영양실조에 걸려 있었다.

론은 영적으로 위험한 위치에 있었지만, 여전히 천천히 양육될 필요가 있었다. 그는 여기저기를 전전하면서 여러 교회에서 신학적, 교리적 파편들을 주워들었다. 그는 건강한 영적 식사로 양육받지 못했기 때문에, 우리가 심지어 가장 단순한 성경 진리를 먹여도 그는 매우 큰 충격을 받았다.

우리는 하나님의 거룩하심, 죄, 그리고 성경적인 회개에 관한 기본적인 진리를 천천히 그에게 먹여야 했다. 그것은 그의 영혼을 위한 기름진 음식이었고, 그는 처음에는 그것을 소화하기 힘들어 했다. 사실 그는 그것에 반발했고 복음주의적인 교회들에서 당연시하는 많은 것들마저 거부했다. 예컨대, 모든 사람이 하나님의 공의로운 진노 아래에서 태어난다는 사실 같은 것을 거부했다. 한 가지 문제(중독)에 대해 그를 도와주었던 단체는 영적으로 성장하며 균형 잡힌 그리스도인이 되도록 그를 도울 준비를 갖추고 있지 않았다.

우리 교회에 오게 되었을 때, 그는 자신과 유사한 사람들을 만났고(이것은 매우 중요함) 또한 자신과 매우 다른 사람들도 만났다(이것 역시 중요함). 그가 교회 공동체에서 무엇을 배우고 그 배운 것과 씨름하는 모습은 매우 흥미로웠다. 사람은 모두 죄악된 상태로 태어나는가? 정말로 온 세상이 예수님 밖에서는 하나님의 진노 아래에 있는가?

그의 믿지 않는 가족과 친구들은 정말로 지옥으로 가는가? 이런 물음들에 대한 답을 찾기 위해 그는 주변 사람들의 도움을 필요로 했다. 힘든 환경 속에서 같은 문제들과 씨름하여 극복해 낸 사람들을 그는 필요로 했다. 또한 그는 더 안정된 배경을 지녔고 다양한 신학적 문제들을 해결해 온 사람들도 필요로 했다. 그는 하나님의 모든 뜻을 전해 듣고 자신의 감정이 아니라 그것을 궁극적 진리로 의지할 필요가 있었다. 처음에는 몰랐지만, 이 모든 경험은 그를 성장시키는 데(그리고 그의 주변에 있던 사람들을 성장시키는 데에도) 사용되었다.

초기의 힘든 과정을 거친 후에, 그는 세례(또는 침례)를 받고 교회 멤버가 되었다. 이제 그는 사회적 구분을 넘어서는 관계망을 지니고 있다. 더 이상 그는 자신과 비슷한 사람들과만 친분을 맺지 않았다. 영적 문제와 관련하여 더 이상 무지의 늪에 갇혀 있지 않았다. 더 중요한 것은, 그가 지역 교회의 중요성을 깨닫기 시작했다는 점이다. 성경 지식이 서서히 늘어감에 따라, 그의 믿음도 자라갔다. 처음에는 힘들게 싸워야 했지만 그는 굴하지 않았고, 요즘 그는 건축 전문가가 되기 위해 공부하면서 그리스도인으로서도 지속적인 성장을 하고 있다. 론은 회개하는 다른 사람들을 만났을 때 비로소 자신의 죄를 밝히 인식했고, 그가 이 죄악과 실패들을 성숙한 형제들에게 실토했을 때 비로소 회개와 성화와 성도의 견인을 이해할 수 있었다. 요컨대, 성경 말씀이 그의 삶에서 열매를 맺도록 도와준 것은 바로 교회였다. 이제 론은 "고통스럽긴 했지만 지역 교회가 내 삶을 구원해주었어요."라고 말한다.

4. 지역 교회는 신자들이 영적 권위에 복종해야 하는 곳이다

스코틀랜드의 주택공급계획지역에 사는 사람들은 권위를 무시한다. 권위를 지닌 사람들을 모조리 의심하며 조롱한다. 경찰관에 대해 거의 보편적으로 드러내는 경멸로부터 지역의 축구 팀 선수들의 행동 방식에 이르기까지, 니드리 주택공급계획지역의 문화 전반에 그런 분위기가 스며들어 있다. 매주 우리는 청년들과 함께하며 축구 경기 연습도 시킨다. 하지만 권위를 지닌 것으로 판단되는 그 어떤 사람의 비판이나 조언도 그들은 받아들이지 않으려 한다.

이런 부류의 사람들이 그리스도께 나아갈 때에는, 그런 태도가 즉시 교정되어야 한다. 하나님은 그리스도인들을 불러 영적 리더십에 복종하게 하시며, 그들이 영적 리더십에 복종할 수 있는 가장 좋고 안전한 곳은 제 기능을 하는 지역 교회이다. 히브리서 기자는 이 점을 분명히 밝힌다. "너희를 인도하는 자들에게 순종하고 복종하라. 그들은 너희 영혼을 위하여 경성하기를 자신들이 청산할 자인 것 같이 하느니라. 그들로 하여금 즐거움으로 이것을 하게 하고 근심으로 하게 하지 말라. 그렇지 않으면 너희에게 유익이 없느니라"(히 13:17).

장로들은 지역 회중을 감독하도록 하나님의 부르심을 받는다. "여러분은 자기를 위하여 또는 온 양 떼를 위하여 삼가라. 성령이 그들 가운데 여러분을 감독자로 삼고 하나님이 자기 피로 사신 교회를 보살피게 하셨느니라"(행 20:28). 그러므로 모든 신자들은 지역 교회의 멤버들로서 장로들의 보살핌과 감독 아래에 있어야 한다.

지역 교회의 일원이 아닌 신자들은 하나님께 복종하지 않는 것이다. 사실, 그들은 하나님께 죄를 범하고 있다. 조나단 리먼(Jonathan Leeman)은 그것을 이렇게 말한다. "그리스도인들은 교회에 합류하는 것이 아니라 교회에 복종한다."[2]

모든 종류의 권위를 멸시하는 문화 속에서 사는 사람들은 건강한 리더십과 복종의 모델을 알 필요가 있다. 사람들이 그러한 본보기를 볼 수 있는 가장 좋은 장소는 지역 교회이다.

5. 지역 교회는 영적인 상호 책임성을 실천하기 위한 최선의 장소이다

여러 해 전에 나는 한 파라처치 사역자와 함께 얼마 동안의 시간을 보냈다. 그는 성격이 좋은 사람으로 알려져 있었다. 그의 단체는 그를 자랑스럽게 여겼다. 그는 힘든 환경에 처한 아이들을 돌보는 일을 잘 해냈다. 아이들은 그의 주변에 몰려들었고, 종종 그의 사진이 그 단체의 근사한 책자에 실렸다.

그러나 개인적으로 그는 엉망이었다. 여러 해 동안 성경을 읽은 적이 없다고 내게 털어놓았다. 그는 온라인 포르노 사이트에 중독되어 있었다. 또한 정기적으로 신앙 없는 친구들과 함께 술을 마셨다. 하지만 그가 근무 시간을 지키고 자신이 맡은 어린이 클럽들을 운영하며 후원자들에게 보여줄 사진을 제공하는 한, 그 단체는 흡족해 했고 그에게 별 말을 하지 않았다. 모두가 바빴으며, 매월의 팀

---

2) *Church Membership* (Wheaton, IL: Crossway, 2012), 30.

미팅과 매년의 평가 그 이상의 일을 위해 할애할 시간이 없었다.

그의 주변에는 그를 위해 진지한 영적 책임성(accountability)을 부담하는 사람이 없었기 때문에, 그는 여러 해 동안 영적으로 표류하고 있었다. 그는 지역 교회에 속하지 않았다. 그는 교회에 갈 때마다 매번 다른 교회를 택했다. 그런 생활을 해도 파라처치 사역에는 문제가 없었지만, 그가 찾아가는 교회에서 그는 늘 낯선 사람이었다.

이 사람의 예가 너무 극단적인가? 그럴 수도 있다. 하지만 내가 두려워하는 바는 파라처치 사역자들 중의 다수가 이 사람의 모습과 별반 다르지 않을 거라는 점이다. 나는 이런 사람의 이야기는 매우 이례적인 경우라고 속고 있는 사람들을 너무나 많이 만나고 상담해 왔다.

모든 그리스도인들은 지역 교회의 멤버가 될 때 그에 수반하는 영적 책임성(accountability)과 권징을 필요로 한다. 지역 교회는 우리를 표류하지 않게 한다. 지역 교회는 격려와 책망을 위한 환경을 제공한다. 사랑과 선행을 서로 격려하는 공동체를 제공한다. 어떤 사람들은 자신이 속한 파라처치가 자신의 공동체라고, 또는 자신의 친구들이 자신의 공동체라고 주장한다. 하지만 책임성은 단지 친구들과의 다정한 한담을 의미하지 않는다. 그것은 교회 지도자들과 다른 멤버들에 대한 겸손한 복종을 의미한다.

6. 지역 교회는 성경적인 권징을 시행하는 곳이다

파라처치 단체들에게 왜 권징을 하지 않느냐고 불평하는 건 무의미하다. 권징은 그들의 일이 아니다. 죄악된 신자들을 단호하게 또는 공개적으로 권징하는 일은 지역 교회의 일이다(마 18:15-17; 고전 5:1-13; 살후 3:6; 딛 3:10).

랩(Rab)을 예로 들어보자. 그는 알콜 중독에서 벗어난 후에 우리 교회에 합류하여 세례(또는 침례)를 받고 잘해나가고 있었다. 그런데 어느 날 그가 일탈해서 술을 마시기 시작했다. 그는 자신에게 책임을 묻지 않을 다른 교회에 합류하기로 결심했다. 우리는 그에게 전화했다. 그의 부모에게 말했다. 그를 위해 기도했다.

결국 우리는 그를 교회의 관심 명단(care list)에 올려야 했다. 이는 교인 총회를 소집하여, 그에게 일어난 일을 회중에게 알리는 것을 의미한다. 우리는 교회 멤버들더러 한 달 동안 그에게 편지를 쓰거나 이메일을 보내거나 전화하여 주님께로 그리고 교회로 돌아오도록 독려하게 하기로 결정했다. 이런 조치가 항상 효과를 보이는 건 아니지만, 랩의 경우에는 효력을 보였다. 한 주 내에 랩은 회개하고 교회로 돌아왔다. 교회에게 그리고 지켜보는 지역 사회에 이것은 얼마나 귀한 증언인가!

성경을 보면, 곳곳에 교회가 나오지만 파라처치 사역은 어디에도 보이지 않는다. 마이크와 나는 많은 파라처치 사역들이 분명히 위대하다고 생각한다. 단지 우리는 파라처치 사역들이 의도하든 않든 지역 교회와 겨루거나 교회를 대체하는 것에 반대할 뿐이다. 파라처치들은 지역 사회 내의 교회들을 통한 복음 확산을 강화하며 돕는 것을 자신의 역할로 여겨야 한다.

6장
복음전도 사역

▬

스코틀랜드의 주택공급계획지역들은 곤란한 상황에 처해 있다. 내
(메즈)가 미국에 있는 형제들과 나눈 대화에 비추어볼 때, 미국 이동
주택주차구역과 도회지의 저소득층주택단지도 마찬가지인 것 같
다. 이러한 지역의 교회들은 수십 년 동안 쇠퇴해 왔다. 이 지역들에
서 많은 기독교 사역들이 행해지고 있다. 수프 제공, 아침식사 제공,
그리고 온갖 종류의 청소년 사역 등이다. 하지만 건강한 지역 교회
와 연결되는 복음전도는 거의 행해지지 않는다.

50년 전 스코틀랜드의 대도시 주택공급계획지역들에서는 미션
홀(mission hall)들이 번성했다. 종종 도심의 교회들은 그곳을 젊은 설
교자들이 달란트를 발휘할 기회를 얻을 수 있는 곳으로 여겼다. 불
행하게도, 이 교회들은 그 젊은이들더러 그곳에 머물면서 지역 교
회를 설립하도록 독려하진 않았다. 설교를 들은 사람들이 회심했지

만, 그 회심자들이 그 지역의 교회로 모여들진 않았다. 대신에 회심자들은 가능한 한 속히 그 지역을 떠났다.

그 결과 오늘날 이들 지역의 복음 지형도는 상당히 암담하다. 건강과 부를 강조하는 설교자들, 준비를 제대로 갖추지 못한 파라처치 단체들, 그리고 정부의 사회복지기관들이 공백을 메우고 있다. 교회들은 이웃의 문화를 적절하게 고려한 방식으로 이웃에게 가까이 다가가 접촉점을 마련하는 것을 포기하면서 그저 교리적 순수성만을 위해 싸워 왔다. 그 결과, 이제 교회는 하나둘씩 죽어 가는 연로한 회중들과 함께 가장자리로 밀려나 있다. 그들은 복음을 지니고 있지만 그것을 전할 대상과의 접촉이 없다. 그런가 하면 성경적인 진리를 희생해 가면서 이웃의 문화에 순응하고 그들과 문화적으로 관계 맺는 일에만 신경 쓰는 교회들도 있다. 그런 교회들은 이웃에 대해 사회적 관심을 보이는 경향이 있지만, 역설적이게도 그들의 회중도 연로하고 죽어 가고 있다. 그들은 고작해야 사회사업단체 정도로 보인다.

이들 지역의 실제적인 모습은 다음과 같다.

- 짐(Jim)은 그가 사는 주택공급계획지역 내의 자그마한 미션 홀에 50년 동안 다녔다. 그곳이 사람들로 가득하고 어린이 사역에 수백 명이 참석했던 날들을 그는 기억한다. 지금은 그들 중 6명만 남아 있다. 다른 사람들은 모두 그곳을 떠나거나 죽었다. 교회들이 그곳에 찾아와서 전도지를 나눠 주며 객원 설교자들을 보내

곤 했었는데 그것은 이미 오래 전의 일이다.

- 앤(Ann)은 지역의 교구 교회에 다닌다. 그 교회는 복음을 설교하지 않고 출석자들도 몇 명뿐이지만, 앤은 그 교회를 좋아한다. 주일에 짤막한 설교를 듣는 것이 그녀에게는 근사한 휴식이다. 그녀는 인도인 이웃들을 교회로 초청할 생각이 전혀 없다. 왜냐하면 그들이 비록 우리와 다른 방식으로 예배를 드리지만 그들도 모두 하나님의 자녀라는 교구 목사의 말을 믿기 때문이다.

- 개리(Gary)는 20대 후반이며 잃어버린 자들에게 다가가고자 하는 마음을 품고 있다. 그는 한 기독교 자선단체에서 몇몇 구호 대상자들을 담당하는 사회복지사로 일하고 있다. 개리는 자신이 담당하는 사람들을 통해 주택공급계획지역 내의 사람들을 많이 알고 있으며, 그들 중의 몇 사람은 그가 그리스도인이라는 것을 알고 있다. 하지만 그들 중에 그리스도인 된다는 것이 무슨 의미인지를 아는 사람은 아무도 없다. 개리는 사람들이 먼저 물었을 때에 한하여 자신의 믿음을 나누는 일은 허용되지만, 먼저 적극적으로 나서서 그들을 개종시키려 하는 일은 허용되지 않는다. 그로서는 침묵을 지키는 편이 더 편하다. 그는 구호 대상자들을 도움으로써 어쨌든 증인 역할을 잘 감당하고 있다고 생각한다.

이들 세 사람을 만나게 하면 어떤 일이 일어날까? 짐은 앤과 그녀의 교회가 사람들의 영원한 운명에 관심을 갖지 않는다며 비판할 수 있다. 앤은 혐오의 눈길로 짐을 볼 수 있다. 어떻게 그들은 지옥

따위를 믿을 수 있단 말인가? 개리는 '왜 서로 사이좋게 지내지 못하는가?'라고 생각하면서 두 사람 모두를 낮춰볼 것이다. 그러나 서글픈 현실은 이들 셋 모두가 하방 나선 속에 갇혀 있다는 사실이다. 교회가 복음을 잃으면 어떻게 복음이 전파될 수 있겠는가? 복음 진리 전파를 선행으로 대체하면 어떻게 기독교가 번성하겠는가? 이들 세 가지 접근법 모두는 기독교가 쇠퇴하고 있음을 알려준다. 우리는 복음전도 방식에 대해 재고할 필요가 있다.

성경적인 복음전도에 대한 정의

복음주의자들 사이에 '구제 사역'에 대한 관심이 급속히 확산되어 왔다. 불행하게도, 그 관심 중의 많은 부분이 무분별한 신학의 영향을 받은 것이다. 많은 사람들이 복음전도에 대해 다음과 같은 식으로 말한다.

- 언제나 복음을 전하라. 필요하면 말도 사용하라.
- 복음전도는 말로 하는 것만큼이나 행동으로 하는 것이기도 하다.
- 우리 교회는 사람들을 교회로 끌어모으기보다 그들을 사랑하는 데 초점을 맞춘다.
- 사람들은 하나님의 진노에 대해 듣기보다 그분의 사랑을 경험할 필요가 있다.
- 우리는 한 손에는 성경을 다른 손에는 빵을 든다.

이것들이 복음전도 사명에 대한 바람직한 사고방식일까? 만일 사람들이 예수 그리스도의 복음으로 구원받길 원한다면, 우리는 복음전도에 대해 제대로 이해할 필요가 있다. 맥 스타일스(Mack Stiles)는 그의 탁월한 저서 「전도: 한 목소리로 예수님을 전하는 교회」(부흥과개혁사 역간)에서, 복음전도를 **설득하려는 목적으로 복음을 가르치는 것**으로 정의한다.[1] 이 정의에 잘 나타나 있듯이, 성경적인 복음전도는 가르침과 설득을 수반한다.

1. 복음전도는 사람들을 가르치는 것이다

내가 예수 그리스도의 복음을 처음 들었을 때에는 메시지 제시에 어떠한 현란한 방법이 사용되지 않았다. 스모크머신도 배경음악도 제단 초청도 없었고, 단지 잉글랜드 남부의 한 싸늘한 미션 홀에서 회개를 촉구하는 메시지가 있었을 뿐이다. 신실한 증인들이 내게 좋은 소식을 가르쳐주었다. 즉 사람들이 성경을 펴서 그것을 내게 설명해주었다.

복음은 객관적인 내용을 지닌 메시지이며, 사람들이 구원을 얻기 위해 그리스도께 나아가려면 그 내용을 이해해야 한다. 복음을 모르는 사람은 그 진리를 가르쳐줄 사람이 필요하다. 그릇된 복음을 지닌 사람은 그릇된 진리를 바로잡아줄 사람이 필요하다. 근본적으로, 복음전도는 예수님 밖에 있는 자의 위험한 영적 상태에 대한 진

---

1) (Wheaton, IL: Crossway, 2014), 26.

리를 가르치면서 위험에서 벗어날 길이 있다고 하는 좋은 소식을 소개하는 것이다. 힘든 지역에서 우리가 그밖에 다른 어떤 활동을 할지라도, 우리의 주된 목적은 남녀노소에게 그러한 성경의 메시지를 가르치는 것이어야 한다.

복음을 가르치는 지름길은 없으며 그 일을 대체할 수 있는 것도 없다. 짐(Jim) 같은 사람은 성경적인 복음전도가 단지 한 장의 인쇄물을 건네고 가버리는 것이 아님을 알 필요가 있다. 그것은 주일 예배로 초청하는 일 이상을 요한다. 앤(Ann)은 복음전도가 사람들에게 친절하게 대하며 주민들을 위해 여러 가지 위원회에 참석하는 것 이상임을 이해할 필요가 있다. 성경이 설명되어야 한다. 개리(Gary)는 가난한 사람들에게 부채 상담보다 성경 교사가 더 필요함을 알 필요가 있다. 니드리에서 우리가 행하는 가장 인기 있고 효과적인 사역은 '수요일 밤의 순수한 성경공부'이다. 우리는 여러 시간 함께 앉아서 성경을 한 절 한 절 공부해 나간다.

2. 복음전도는 사람들을 설득하는 것이다

사도행전 17장 2-4절을 읽어보자.

"바울이 자기의 관례대로 그들에게로 들어가서 세 안식일에 성경을 가지고 강론하며 뜻을 풀어 그리스도가 해를 받고 죽은 자 가운데서 다시 살아나야 할 것을 증언하고 이르되 내가 너희에게 전하는 이 예수가 곧 그리스도라 하니 뜻을 풀어 그리스도가 해를 받고 죽은 자 가운데서 다시 살아나야 할 것을 증언하고 이르되 내가 너희에게 전하는 이 예수가 곧 그리스도라 하니 그 중의 어떤 사람 곧 경건한 헬라인의 큰 무리와 적지 않은 귀부인도 권함을 받고 바울과 실라를 따르나."

회심은 처음부터 끝까지 하나님의 성령의 사역이지만, 그럼에도 사람들을 설득할 필요가 있다. 우리는 묻는 사람들에게 대답할 준비를 갖추고 있어야 한다(벧전 3:15). 내가 처음으로 남을 설득하려는 전도 노력을 한 것은 구원받은 지 몇 주 후에 교회 묘지에서였다. 나는 내 친구에게 인생은 무상하기에 영혼의 문제를 진지하게 돌아봐야 한다고 설득하려 했다. 그 당시 나는 예수님이 십자가에서 죽으신 것 외에는 별로 아는 것이 없었으며 명석한 변증론이나 통찰력 있는 신학적 논거도 갖추고 있지 않았다. 단지 나는 그리스도께서 살아 계시며 내 속의 무엇인가가 영원히 변했음을 알고 있었다. 나 자신의 역량 부족을 절감하고서 나는 친구를 교회 묘지로 데려가 한 묘석을 보여주며 말하기를, 만일 그녀가 죄를 회개하지 않으면 죽어 장사되고 잊힐 것이며 그런 후에 영원히 지옥불에서 불타게 될 것이라고 했다. 친구는 눈물을 흘리면서 무릎을 꿇었고, 우리는 함께 기도했다.

지금 나는 그런 형태의 설득에는 문제가 있다고 기쁘게 인정한다. 우리는 좋은 일들에 대한 약속이나 두려움으로 사람을 조종하기보다는 설득하길 원한다. 어쨌든 주택공급계획지역에서는 두려움을 유발하는 복음전도는 통하지 않는다. 그곳 사람들의 삶은 이미 비참하다. 그곳에서는 더 나은 삶에 대한 소망이 더 호응을 얻는다. 그들이 원하는 바가 바로 그것이기 때문이다. 건강과 부를 강조하는 사역자들의 사역이 번창하고 있는 것도 바로 그 때문이다.

우리는 매력적인 삶으로 뒷받침되는 진리를 가감 없이 터놓고 말하여(고후 4:2) 사람들을 설득하길 원한다. 우리는 우리의 믿음에 대해 사람들이 묻지 않을 수 없게 하는 삶을 살아야 한다. 우리는 죄인들을 변화시킬 수 없다. 단지 성경에 계시된 복음의 진리를 그들에게 가르치며 설득할 수 있을 뿐이다. 나머지는 기도에 그리고 하나님의 성령의 주권적이며 택하시는 은혜에 달려 있다.

복음전도는 하나님의 택하심에 기반한다

복음전도는 교회 성장의 원동력이며 하나님을 향한 사랑의 불이 계속 불타오르게 유지시켜 주는 연료이다. 하지만 어떤 이들은 교리가 그러한 불길에다 물을 끼얹는 소방수와 같다고 말한다. 복음전도에 대한 대화에서 교리를 언급하는 것은 소방수를 모닥불에 초청하는 것과 같다는 것이다. 소방수는 불을 끄려고 할 것이다!

그러나 실제로, 우리의 복음전도 방법은 항상 우리가 믿는 교리를 반영한다. 당신의 복음전도 방법은 당신이 하나님과 구원에 관해 믿는 것과 불가분의 관계를 가질 수밖에 없다. 죄인들이 자유롭게 하나님을 선택한다고 믿는 사람은 그 믿음에 따라 그들을 설득하려 할 것이다. 무엇을 믿든지 상관없이 누구나 천국에 간다고 믿는 자는 그 믿음에 의거하여 사람들을 대할 것이다.

모든 복음전도가 교리 위에 기초하기 때문에, 우리는 하나님의 주권적 선택에 대한 성경적 이해 위에 복음전도의 기초를 두어야 한다. 존 파이퍼는 무조건적 선택을 이렇게 정의한다. "무조건적 선택은 창세 전에 이루어진 하나님의 자유로운 선택이다. 하나님은 어떤 반역자들에게 회개와 믿음을 허락하사 그들을 용서하시고 자신의 영원한 기쁨의 가족으로 받아들이실지를, 미리 아신 그들의 믿음에 근거하지 않고 자유로이 선택하셨다."[2]

하나님은 땅의 모든 곳으로부터 그분의 백성을 선택하셨고 또한 부르고 계신다. 부자든 가난한 사람이든 예수 그리스도를 통해 구원받을 것이며, 하나님은 그들을 영원토록 자신의 가족으로 지키실 것이다. 이 교리는 복음전도의 불길을 꺼뜨리기는커녕, 그 불길의 연료 역할을 하고 그 불길을 계속 타오르게 한다.

브라질의 길거리 갱단들이나 노던 버지니아의 불법 이민자들을 전도하는 유일한 방법은 예수님의 복음을 전하는 것이다. 지상의 어떤 방법으로도 예수님을 따르도록 사람들을 설득할 수 없다. 오직 하나님만이 그런 일을 하실 수 있다. 만일 하나님이 주권적으로 죄인들을 구원하시지 않는다면, 모든 사람들이 지옥으로 갈 것이다. 성령께

---

2) "Five Reasons to Embrace Unconditional Election," desiringGod.org, July 9, 2013, http://www.desiringgod.org/articles/five-reasons-to-embrace-unconditional-election/.

서 진리를 계시하시고 잃어버린 죄인들을 하나님 아버지와의 올바른 관계로 이끄시며 그들을 영원히 안전하게 지키실 것임을 아는 것은 우리에게 큰 위안이 된다. 이 아름다운 삼위일체적 진리가 바로 복음을 전하는 불을 지피기 위해 우리에게 필요한 모든 연료이다.

솔직히 말해서, 하나님이 사람들을 구원하실 것을 믿지 않는다면, 나는 복음전도의 수고를 결코 하지 않을 것이다. 나는 아마존 정글의 외곽에 위치한 소년원에서 설교하곤 했다. 그곳은 정말 역겨운 곳이었다. 더운 열기와 악취와 소음이 대단했다. 그곳의 청소년들은 강팍한 살인자들이었다. 솔직히 말해서, 그곳을 여러 번 방문했지만 자신의 삶을 그리스도께 의탁하는 사람은 단 한 명도 볼 수 없었다. 아무도 예수님께 대한 신앙을 고백하지 않았다. 낙심되고 의기소침하게 만드는 경험이었다. 하지만 그 노력은 낭비가 아니었다. 다음과 같은 바울의 말이 내게 격려가 된다.

하나님이 미리 아신 자들을 또한 그 아들의 형상을 본받게 하기 위하여 미리 정하셨으니 이는 그로 많은 형제 중에서 맏아들이 되게 하려 하심이니라. 또 미리 정하신 그들을 또한 부르시고 부르신 그들을 또한 의롭다 하시고 의롭다 하신 그들을 또한 영화롭게 하셨느니라. 그런즉 이 일에 대하여 우리가 무슨 말 하리요 만일 하나님이 우리를 위하시면 누가 우리를 대적하리요(롬 8:29-31).

내가 그 소년원에서 결실을 보지 못했다고 해서 그곳에 결실이 없었다고 말할 순 없다. 하나님이 그분의 귀한 목적들을 이루고 계시며 우리가 그분의 우주적인 위대한 계획에 동참하고 있음을 아는 것은 우리에게 위안이 된다. 그분의 택하심을 입은 자가 누구인지 나는 모른다. 그것을 아는 건 내 일이 아니다. 내 일은 신실하게 복음을 전하며 끝까지 인내하는 것이다. 하나님은 아마존의 소년원들과 에든버러의 교회들에서 일하고 계신다. 하나님은 미국의 이동주택주차구역과 인도의 빈민가들에서 일하고 계신다. 그분이 부르셨고, 의롭다 하셨고, 영화롭게 하셨다. 우리는 하나님이 주권적이시기 때문에 우리의 수고가 헛되지 않음을 신뢰하면서 인내한다.

복음전도는 교회의 맥락 안에서 일어나야 한다

오늘날의 여러 복음주의 공동체들에서는 '선교적 삶'에 대한 논의가 많이 진행된다. 만일 이것이 단지 우리의 일상생활에서 복음을 전하는 삶을 달리 묘사한 것이라면 나는 대찬성이다. 그런 삶은 도심의 주택공급계획지역에 파고드는 데 도움이 될 것이다. 그것은 **복음전도적 삶**이 어떤 모습인지를 세상에 보여줄 것이다.

선교적 삶은 복음전도와 관련하여 최근 복음주의 진영에서 압도적인 모습을 보인 '교회로 와보게 하는 모델'에 대한 유력한 대안이다. 복음을 교회 건물의 안전함 뒤에 숨기는 대신, 우리는 다양한 방법<u>으로</u>(지역의 자원봉사 단체들에서, 학교들에서, 사무실에서) 지역 사회를 섬길 기회가 있다. 니드리 지역에 있는 커뮤니티 센터에서 어떤 서비스가 중단될 때마다, 우리 교회는 그 틈을 비집고 들어가서 지역민들과 복음적인 관계를 형성할 방법을 모색한다.

내 생각에 '선교적 삶'은 그저 가난한 지역 사회 안으로 들어가는 것이나 단지 어떤 사람을 도와서 노숙자 보호소나 마약 재활원에 연결시켜 주는 것을 넘어서서 혼란한 관계들 속에 개인적으로 결부되는 것을 요구한다. 예를 들면, 육아 문제나 부부간의 불화 문제를 해결하도록 도와주거나 새 회심자로 하여금 과거의 죄에 수반된 복잡한 결과를 잘 헤쳐나갈 수 있게 도와주는 것이다. 다행스러운 점은 당신이 주택공급계획지역이나 저소득층 주택단지에서의 삶에 대해 모든 것을 알지 않아도 된다는 것이다. 진정으로 관심을 갖는 사람은 남을 도울 수 있다. 예수님을 위해 모든 것을 기꺼이 바치려는 사람이 가장 큰 차이를 가져온다. 진실하고 평범한 복음전도적 삶은 언제나 복음 전할 기회를 맞게 됨을 나는 확신한다. 그리고 그리스도의 복음이 분명하게 선포될 때, 성령께서 사람들을 구원으로 이끄실 것이다.

이런 식의 복음전도를 위한 최선의 환경은 복음중심적인 건강한 지역 교회의 삶 속에 있다. 교회는 신자들에게 복음을 이해시키고 복음전도의 성경적인 동기를 심어줌으로써 그들을 준비시킨다. 신자들이 복음의 확산을 위해 기도하고, 새 신자들을 받아들여 세례(또는 침례)를 주고 제자화하는 곳이 바로 교회이다.

역사적으로, 스코틀랜드의 주택공급계획지역들에는 미션 홀(mission hall)들이 많이 있어서 지역 주민들에게 다가가는 근거지 역할을 했다. 교회들은 그곳에서의 클럽 활동들을 돕거나 이따금씩 설교할 자원봉사자들을 보내곤 했다. 그러나 이 미션 홀들은 분명한 교회론을 지니고 있지 않았다. 미션 홀은 장로들 대신에 위원회를 통해 운영되었으며, 진정한 멤버십이나 권징 절차가 없었다. 복음전도는 친구나 이웃 사람들의 집에 찾아가서 그들을 초청하는 하나의 행사일 뿐이었다. 와서 방문 강사의 메시지를 들어보라는 식이었다.

니드리커뮤니티교회가 그 초기 시절에 주력한 일은, 사람들이 복음전도를 자연스러운 생활 방식과 매일의 대화로 여기게 하는 것이었다. 처음에 어떤 교인들은 이런 아이디어를 좋아하지 않았다. 우리가 전도지를 건네거나 집들을 방문하거나 길거리에서 캐럴 부르는 사역을 중단하기로 결정하자, 몇몇 강경한 사람들은 복음전도를 망친다며 나를 비난하기도 했다. 그리고 내가 그들더러 지역민들과 접촉하여 그들이 지닌 물음을 파악하고 그들의 삶 속으로 들어가서 자연스럽게 복음을 증거하라고 독려했을 때, 그들은 나를 나병환자처럼 여기기도 했다. 문제는 복음전도와 제자화가 엄청난 시간과 노력을 요구한다는 것이다. 그 일에는 많은 신자들이 기꺼이 투자하고자 하는 시간과 노력 이상의 것이 요구된다. 즉, 끈기 있게 사람들을 사랑하며 같은 일을 거듭할 것이 요구된다.

복음전도는 매일의 일상적 세팅에서 행해져야 한다

니드리에서는 복음전도와 제자화의 많은 부분이 어떤 사람을 집이나 슈퍼마켓이나 우체국까지 차로 태워다주는 동안 행해진다. 또한 카페 바깥에서 10분 동안 담배를 피는 휴식 시간 동안에 행해지기도 하고, 체육관에서 행해지기도 한다. 복음전도와 제자화는 하나의 행사나 하나의 글 이상을 요한다. 실제로 사람들과 함께하며 그들의 혼란스러운 삶에 연루될 것을 요구한다.

서구의 기독교에서 그런 식의 사역이 어느 정도나 행해지고 있는가? 자신의 분주한 스케줄 밖에 있는 사람들과의 관계를 적극적으로 형성하기 위해 기꺼이 자신의 시간을 낼 수 있는 교인들은 과연 얼마나 될까? 최근에 스코틀랜드에서 열린 한 모임에 참석했을 때, 나는 주택공급계획지역들에서 교회들의 활동이 더 적극적이지 않은 이유를 묻는 질문을 받았다. 많은 이유들이 있으며 두려움도 그 중 하나일 거라고 내가 대답했다. 그때 한 사람이 격앙된 어조로 큰소리쳤다. "난 두렵지 않아요. 나는 한 주에 80시간 일해요. 너무 바쁠 뿐입니다!" 슬프게도, 그는 그렇게 말하는 걸 자랑스러워하는 것 같았다.

복음전도는 무엇인가를 함으로써 시작되는 것이 아니다. 그것은 우리가 어떤 사람이며 어떻게 살아가는지와 더불어 시작된다. 그것은 호흡처럼 자연스러워야 한다. 그것은 평범한 일상의 흐름 속에서 복음의 진리를 사람들에게 가르치며 설득할 기회를 포착함으로써 행해진다. 기독교 공동체로 사람들이 들어오기를 기대하는 데 그치지 말고, 우리가 밖으로 나가서 적극적으로 지역 사회와 관계를 형성해야 한다. 니드리커뮤니티교회에서는 지역 사회에서 이미 제공하는 봉사활동을 결코 시작하지 않는 것을 정책으로 삼고 있다. 우리 공동체로 불신자들이 들어오기를 기대하기보다는, 우리가 기존 그룹들에 합류해서 거기서 증인 역할을 하는 것이 더 합당하다. 우리 자신의 행사를 주최하기보다 이러한 접근법을 취함으로써 훨씬 더 많은 사람들이 믿음에 이르게 되는 것을 우리는 목격하여 왔다.

복음전도 행사만이 아니라 우애를 위한 행사들도 활용하라

우리는 사람들을 교회 건물로 불러들이는 행사들을 배제하지 않는다. 니드리에서 우리 교회는 수백 명의 사람들을 끌어들이는 사교 행사들을 주최한다. 노래 경연대회, 빙고게임의 밤(bingo nights), 선물의 날 등의 행사를 주최한다. 그러나 우리는 이 행사들을 활용하여 설교를 하진 않는다. 대신에 우리는 우애를 다지며 우리 교회 건물이 예배 장소일 뿐 아니라 지역 사회의 자원이기도 함을 분명히 알린다. 우리는 사람들이 우리와 함께할 때마다 강요받지 않고 편안한 느낌을 받기를 원한다. 우리가 사람들에게 복음을 전하는 주요 행사는 매년 두 차례 열린다. '크리스마스 카레와 퀴즈의 밤'과 '부활절 프라이'(제대로 차린 영국식 아침식사에 이어 짧막하게 복음 메시지를 전하는 행사)다. 사람들은 이 행사들에 참석하기를 좋아하며, 우리 교인들이 다른 행사를 통해 또는 일상의 삶 속에서 사귄 친구들이 주로 이 행사들에 참석한다. 성경적인 복음전도는 일정한 격식에 맞추어서 할 수도 있고 격식에 상관없이 할 수도 있다. 이들 중 어느 하나만을 고집할 필요는 없다.

장기적으로 승부하라

핵심은 주택공급계획지역들에서의 전도 사역이 장기적인 과정이며 때로는 아주 길게 늘어지는 과정이라는 것이다. 잭(Jack)의 경우를 예로 들어보자. 그는 20여 년 동안 마약을 하고 딜러 역할도 했었다. 그는 자신의 오랜 배우자와 세 자녀를 속이고 불륜을 저질렀고 지역 사회에서 악명이 높았다. 그가 처음 교회와 접촉한 것은 그의 친형제를 통해서였다. 잭은 소란스럽고 공격적이었으며, 하나님과 성경에 대해 거의 모든 것을 반대했다. 그는 마약에 취한 상태로 주일 예배에 와서 소리를 지르면서 설교 내용에 대해 사사건건 의문을 표하곤 했다. 그는 경청하려고 하지 않았고 실제로 모든 모임을 방해하려 했다. 그는 엉망이었으며 거짓된 삶을 살았다. 그러면서도 자신의 삶이 얼마나 나쁜지를 전혀 인정하지 않았다.

우리는 성경을 펴서 그에게 복음을 가르쳤고, 믿음과 삶에 대한 그의 질문에도 대답해주었다. 우리는 거룩하신 하나님 앞에서 그의 상태가 얼마나 위험한지에 대해 그를 설득하려고 노력했다. 때로 그는 귀를 기울이며 순한 모습을 보이곤 했다. 때로는 위협적인 모습으로 다시 돌아가기도 했다. 그러나 우리는 인내했고, 그와 그의 가족을 위해 기도했다. 또한 일부러 시간을 내어 그의 슬픈 이야기에 귀를 기울였다. 우리는 그를 솔직하게 대했으며 기회 있을 때마다 그의 삶에 대한 진실을 얘기해주었다. 그는 나를 거의 매일 만났고 다른 사람들도 만났다. 그를 위해 기꺼이 시간을 낸 나이 많은 그리스도인들도 만났다. 교회 멤버들이 식사를 위해 그를 집으로 초청했다. 그는 우리의 공동체 카페에 드나들었다. 우리는 그를 우리의 삶 속으로 초청했고, 하나님은 당신의 영을 통해 천천히 잭의 눈을 열어 예수님의 복음에 관한 진리를 보게 하셨다. 여러 달 동안 공을 들인 후 어느 날 그는 우리 교회 건물 안으로 들어와서 자신의 삶을 그리스도께 맡기길 원한다고 선언했다.

처음에는 의심이 들었지만, 우리는 잭을 제자화하기 시작했다. 그는 성장하기 시작했다. 새 친구들과 더불어 새 삶을 시작하기 위해 옛 삶과 옛 친구들을 멀리했다. 오래지 않아 그의 배우자는 그에게 일어나는 변화를 보았고 함께 교회로 와서 구원을 받았다. 구원받은 지 6개월이 지나지 않았을 때, 그는 침례(저자는 침례교 사역자이므로 여기서 '침례'라는 단어를 사용함―편집주)를 받은 다음에 세 자녀와 불신 가족 앞에서 결혼식을 올렸다. 나아갈 길이 아직 멀지만, 그는 올바른 방향으로 향하고 있다.

우리는 마라톤을 하는 중이다. 우리는 사람들에게 자전거를 사주면서 한 달 후에 '투르 드 프랑스'에서 우승할 것을 기대하지 않는다. 우리는 인내하며 오래 참을 필요가 있다. 같은 노력을 반복해야 할 것이다. 이 일을 할 수 있는 가장 좋은 곳은, 개인적이면서 동시에 공동체적인 삶을 살면서 다른 이들에게 성경의 진리를 가르치고 설득하려는 의향을 지닌, 복음을 사랑하는 사람들의 지속적인 지역 공동체이다.

7장
설교의 역할

어느 주일 아침에 내가(마이크) 우리 교회에서 했던 설교에 대해 말하고자 한다. 설교자가 자신의 설교를 가리켜 "홈런"이었다고 말할 수 있는 경우가 가끔 있다. 마음을 끄는 서론, 호소력 있는 본문 설명, 이해를 돕는 예화, 본문의 무게를 느끼게 하는 본문 적용이 잘 어우러진 설교가 이에 해당한다.

하지만 그날 나는 그렇게 홈런을 친 것이 아니었다. 심지어 엉망인 느낌마저 들었다. 그 설교는 예레미야서에 대한 연속 설교의 후반부에 해당했으며, 솔직히 나는 그 시리즈를 잘 준비하지 못했다. 성경 본문이 매우 길었고 주제들도 반복되었다. 나는 내 설교가 예레미야서의 구조를 이해시키는 데 실패할까봐 염려되었다. 설교 중간쯤에서 나는 내 설교가 "홈런"의 정반대에 해당한다고 느끼기 시작했다. 사람들이 꼼지락거리면서 기침을 했다. 특별히 집중하는 사람들만 나를 바라보고 있었다. 내가 제시한 예화들은 어설펐고 요점은 명백하나 흥미롭지 않은 것 같았다. 홈런은 커녕 마치 빗맞은 공이 관중석으로 날아갈 때 방망이를 놓치는 듯한 느낌이었다.

마침내 감사하게도, 비틀거리던 설교가 끝났다. 마지막 찬송을 부르는 동안 나는 낙담한 채 내 자리로 돌아와 앉았고, 이어서 예배를 마쳤다. 교인들이 무리지어 내 곁을 지나 예배당을 나서면서 무언가 나에게 해줄 친절하지만 진실된 말을 찾느라 애쓰는 모습을 나는 볼 수 있었다.

그때 한 여성이 무리 뒤에 남아서 나랑 얘기하려고 기다리고 있었다. 그녀는 콜롬비아 출신의 싱글맘이라고 자신을 소개했다. 보아하니 대단한 파티의 밤을 보낸 후에 한 친구의 초청을 받아 교회에 나온 것 같았다. 무엇을 도와드릴지 묻자, 그녀는 불쑥 말했다. "설교에서 목사님은 예수님을 따르는 것에 대해 말씀하셨어요. 저도 그러고 싶어요. 좀 더 얘기해주실 수 있나요?"

나는 깜짝 놀랐다. 그렇다. 나는 그 설교에서 복음을 분명하게 제시했다(적어도 그것은 올바로 했다!). 그 설교가 전혀 호소력은 없었지만 복음을 담고 있긴 했다. 이 여성은 그 설교를 듣고서 자신의 죄를 그리고 자신에게 예수님이 필요함을 깨달았다!

물론 나는 지루하며 잘 이해되지 않는 설교를 하고 싶지 않다. 하지만 그날의 일은 교회에서 매주 행하는 설교의 힘을 내게 상기시켜주었다. 따라서 가난한 지역 사회에 다가가는 방법을 숙고할 때, 우리는 그 어떤 전략과 계획도 성경 말씀을 신실하게 설교하는 일을 대체할 순 없음을 기억해야 한다. 사실 이것은 우리가 해야 하는 가장 중요한 일이다.

성경을 설교하라

궁핍한 곳에서의 교회 사역은 매우 힘들 수 있다. 본서 전체에 걸쳐 누누히 언급하고 있듯이, 그런 사역에는 여러 가지 난관들이 있으며 종종 사역의 진행 과정도 더디게 이루어진다. 이런 지역 사회에 다가가는 방법과 전략은 장소에 따라 다를 수 있지만, 메즈와 나는 가난한 지역에 사는 사람들에게 가장 필요한 것이 하나님 말씀임을 확신한다. 그들에게 마약과 알코올 재활치료, 교육, 음식, 그리고 직장도 절실하게 필요하겠지만, 이것들보다 더 절실하게 필요한 것이 성경이다.

성경은 사람들에게 영적 생명을 주기 위해 하나님이 정하신 방편이다. 하나님이 말씀으로 우주를 창조하신 것으로부터 아브라함을 부르시고 선지자들을 통해 말씀하심에 이르기까지, 하나님의 백성을 창조하고, 그들의 모습을 빚고, 그들에게 생명을 주는 것이 바로 하나님 말씀이다. 예수님이 하나님의 궁극적 계시로서 육신을 입은 말씀으로 오신 데에는 충분한 이유가 있다(히 1:1-2). 또한 성경을 통해 하나님은 자신이 어떤 분이며 무슨 일을 행하셨고, 우리가 어떤 반응을 보여야 하는지를 계시하신다. 하나님 말씀은 하나님이 자신의 백성을 자신에게로 이끄시는 방편이다(롬 10:17).

인정컨대, 이런 접근법이 이상해 보일 수도 있다. 대를 이은 가난, 학대의 악순환, 마약 중독, 그리고 전반적인 자포자기 상태에 직면하고 있는 사람들에게 이 오래된 책(성경)이 무슨 소용이 있단 말인가? 하지만 하나님 말씀의 능력에 대해 성경이 무엇이라고 말하는지를 생각해보라.

- 바울은 에베소의 장로들에게 이렇게 말했다. "지금 내가 여러분을 주와 및 그 은혜의 말씀에 부탁하노니 그 말씀이 여러분을 능히 든든히 세우사 거룩하게 하심을 입은 모든 자 가운데 기업이 있게 하시리라"(행 20:32).
- 바울은 로마 교회에게 이렇게 말했다. "내가 복음을 부끄러워하지 아니하노니 이 복음은 모든 믿는 자에게 구원을 주시는 하나님의 능력이 됨이라 먼저는 유대인에게요 그리고 헬라인에게로다"(롬 1:16).
- 또한 바울은 다음과 같이 말한다. "그런즉 그들이 믿지 아니하는 이를 어찌 부르리요 듣지도 못한 이를 어찌 믿으리요 전파하는 자가 없이 어찌 들으리요…그러므로 믿음은 들음에서 나며 들음은 그리스도의 말씀으로 말미암았느니라"(롬 10:14,17).
- 히브리서 기자는 선언한다. "하나님의 말씀은 살아 있고 활력이 있어 좌우에 날선 어떤 검보다도 예리하여 혼과 영과 및 관절과 골수를 찔러 쪼개기까지 하며 또 마음의 생각과 뜻을 판단하나니"(히 4:12).

아직 준비되지 않았다고 느끼는 까닭에, 가난한 자들 가운데서 행하는 사역을 시도조차 하지 않는 교회들이 많다. 한편, 사역에 뛰어들기는 하지만 잘못된 무기를 사용하는 이들도 있다. 그들은 기부 물품들과 사회적 프로그램을 가지고서 사역에 돌입하지만, 삶의 변화나 가시적인 열매는 거의 없다. 그러나 하나님의 말씀은 좌우에 날선 검이다. 그것은 어떤 심령도 찌를 수 있다. 성경에서 우리는 복음 메시지와 구원을 베푸시는 하나님의 능력을 발견한다. 만일 성령께서 적용하시는 하나님의 말씀이 우리에게 있다면, 우리는 어떤 지역에서든지 사역할 수 있는 모든 자원을 지닌 셈이다.

전체 성경을 설교하라

어떤 면에서, 우리가 말하는 것은 교육을 거의 받지 못했거나 성경 지식이 거의 없는 사람들에게 하나님 말씀을 가르치기 위해 사용되는 통상의 접근법에 반하는 내용이다. 통상의 접근법에 따르면, 성경의 이야기 흐름을 전하는 데 초점을 맞추며, 성경의 이야기들을 활용하여 듣는 사람들의 상상력을 발동시켜 그 이야기를 그들의 삶에 비추어 보도록 한다. 사람들은 이야기에 쉽게 빠져드는 경향이 있으므로, 창조, 타락, 구속, 완성이라는 성경의 큰 줄거리를 구성하는 작은 이야기들을 전해줌으로써 성경의 메시지를 가장 효과적으로 설명할 수 있다는 것이다. 이 방법은 많은 진술이 담겨 있는 교훈적인 설교를 가만히 앉아서 경청하는 데 익숙하지 않은 사람들에게 특히 도움이 된다고 한다.

이 통상의 접근법도 잘 활용만 하면(위싱턴 주의 타코마에 위치한 '소마 커뮤니티즈'에서 만든 '하나님의 이야기' 자료들처럼), 그것은 복음을 전하며 그리스도를 믿어야 할 필요성을 주지시키기 위한 효과적인 도구일 수 있다. 반면에 어설프게 사용될 경우에는(대체로 그렇다), 그것이 성경의 메시지에 편집을 가하게 되며 따라서 온전한 복음과 그 능력을 모호하게 한다. 소위 '복음을 이야기로 전달하기'라는 방식은 전체 성경의 메시지를 대체할 수 없다(공정하게 말해서, 그 가장 책임 있는 지지자들도 그 점을 인정한다). 하나님 말씀은 이야기를 포함하지만 그저 이야기에 그치는 것이 아니다.

하나님은 다양한 문학 유형들을 통해 자신을 계시해 오셨다. 성경에는 많은 이야기들이 나오지만, 법, 설교, 서신, 족보, 시, 잠언, 철학적 고찰, 예언, 그리고 묵시문학도 있다. 만일 당신이 가난한 사람들 가운데서 사역하려 한다면, 당신은 그들에게 필요한 것이 전체 성경인지 아니면 단지 이야기들인지 결정할 필요가 있다. 우리 지역의 노숙자 보호소에 있는 사람들에게 시편이 필요할까? 지역 고등학교에 다니는 이민자 아이들에게 전도서가 필요할까? 지역 교도소 수감자들이 베드로전서 1장에 수록된 내용을 알 필요가 있을까? 이 물음들에 바울이라면 어떻게 대답할지 우리는 안다. 왜냐하면 그는 자신의 에베소 사역에 대해 이렇게 말했기 때문이다. "그러므로 오늘 여러분에게 증언하거니와 모든 사람의 피에 대하여 내가 깨끗하니 이는 내가 꺼리지 않고 하나님의 뜻을 다(the whole counsel of God) 여러분에게 전하였음이라"(행 20:26-27).

만일 당신이 교육받은 사람이라면, 당신은 교육받지 못한 사람들이 성경을 이해하지 못할 정도로 우둔하다고 생각하지 않도록 주의할 필요가 있다. 내 경험에 따르면, 교육 부족은 이해력보다는 환경적인 요인과 더 관련이 많다. 즉 제대로 된 기회를 얻지 못했거나 개인적으로 잘못된 선택을 해서 배울 기회를 놓친 것이다. 그러나 성경은 하버드 교수들에게 읽히기 위해 기록된 것이 아니며, "세상의 천한 것들과 멸시 받는 것들"에게 읽히기 위해 기록된 것이다(고전 1:28). 성경을 두루 가르치기 위해서는 지혜가 필요하지만 (레위기로부터 시작하기보다는 복음서로부터 시작하는 것이 더 나을 것이다), 우리는 (레위기를 포함한) 성경의 전체 메시지를 가르칠 필요가 있다. 가난한 사람들에게는 이것이 유용할 거라고 우리 마음대로 속단하는 부분들만 가르침으로써 실질적으로 성경을 편집하는 결과를 가져오면 안 된다.

설교가 필요하다

사람들은 성경을 전하는 다양한 방식들을 장려한다. 어떤 이들은 대화 형식으로 회중을 가르치라고 권하며, 어떤 이들은 성경의 요점을 전해주는 이야기를 말해줄 것을 권한다. 하지만 교회는 설교자를 통해 선언되는 하나님의 말씀을 그 주된 양식으로 삼아야 한다고 나는 확신한다. 우리는 권위가 무시되는 시대에 살고 있으며, 이런 세상에서 죄악된 인생들에게 가장 필요한 것은 동료들 간의 다정한 한담이 아니라 일방적으로 선포되는 하나님의 진리이다.

교회의 전반적인 삶에서 대화와 질문과 관점 공유를 위한 기회가 분명히 있어야 한다. 그러나 하나님이 그분의 백성에게 말씀하시는 주된 방식이 설교임을 우리는 인식해야 한다. 모세는 하나님의 율법을 이스라엘 백성에게 선언했다. 구약 선지자들은 "여호와께서 말씀하시니라"라고 선언했다. 예수님은 "진실로 진실로 내가 너희에게 이르노니"라고 말씀하셨다. 베드로는 솔로몬 행각에 서서 하나님이 요구하시는 것을 청중에게 전하였다. 성경에는 하나님이 그분의 백성과 한담을 주고받고자 하신 내용이 나오지 않는다. 성경에 따르면, 하나님의 백성은 하나님의 말씀에 반응하여 하나님을 찬양하며, 하나님의 말씀에 순종해야 하며, 하나님 말씀에 무언가를 덧붙이거나 마치 자신의 관점이 권위 있는 것처럼 그것을 제시해선 안 된다.

설교자는 성경을 신실하게 강해하고 설명하고 적용하는 한, 하나님의 권위로 말한다. 이는 그 자신이 무오하며 권위 있어서가 아니라 성경이 그러하기 때문이다. 설교자가 하나님 말씀을 정확히 선언하는 만큼, 그의 말은 하나님 말씀이며 사람들은 입을 닫고 경청해야 한다. 그는 그 권위를 무안해 하거나 움츠러들 필요가 없다. 왜냐하면 그것은 하나님이 그분의 백성과 교류하며 그들에게 생명을 주시는 방편이기 때문이다. 어떤 이들은 설교자가 하나님 말씀을 일방적으로 선언하는 것을 거만함의 표시라고 생각하며 기분 나빠할 수도 있다. 하지만 정반대이다. 하나님 말씀을 경청하려면 겸손이 필요하다. 성령께서는 하나님의 백성이 설교 안에서 하나님의 음성을 듣도록 말씀하실 것이다(요 18:37).

사도 바울이 하나님 말씀을 설교할 것을 디모데에게 당부할 때 얼마나 진지했는지를 보라.

하나님 앞과 살아 있는 자와 죽은 자를 심판하실 그리스도 예수 앞에서 그가 나타나실 것과 그의 나라를 두고 엄히 명하노니 너는 말씀을 전파하라. 때를 얻든지 못 얻든지 항상 힘쓰라. 범사에 오래 참음과 가르침으로 경책하며 경계하며 권하라. 때가 이르리니 사람이 바른 교훈을 받지 아니하며 귀가 가려워서 자기의 사욕을 따를 스승을 많이 두고 또 그 귀를 진리에서 돌이켜 허탄한 이야기를 따르리라.(딤후 4:1-4)

바울은 그리스도의 임박한 재림과 청중의 영원한 운명을 두고 디모데에게 설교를 엄히 명한다. 바울이 사용한 헬라어 명령법은 군주의 뜻을 선포하는 포고자의 역할을 시사한다. 그것은 제안이 아니라 하나님이 하신 일을 선언하는 것이다. 설교에 더하여 경책하고, 경계하며, 권하라는 명령이 추가되었다. 이 모든 활동들은 다른 이들의 생각과 말을 포함시키는 것에 목표를 맞추고 있지 않다.

전체 성경을 잘 설교하라

내 말을 오해하지 않기를 바란다. 하나님 말씀이 능력이 있으며 하나님이 수준 이하의 설교마저 사용할 수 있으시지만, 우리는 사람들의 구체적인 삶의 상황에 연결되는 방식으로 성경을 잘 설교하기 위해 노력해야 한다.

첫째, 이것은 우리의 설교가 **청중의 상황에 민감해야** 함을 뜻한다. 당신은 듣는 이들의 형편을 적절히 고려해야 한다. 그들이 부유하든 가난하든 중산층이든 아니면 이들 세 부류가 두루 섞여 있든, 당신은 그들의 일상생활이 어떠한지를 숙지할 필요가 있다.

만일 당신의 교회가 중산층 사람들로 가득하고 당신의 모든 예화가 그들에게 초점을 맞춘 것이라면, 가난한 사람들은 자신들이 환영받고 있다고 느끼기 힘들 것이다. 당신의 예화는 모두가 컴퓨터를 사용함을 가정하는가? 모두가 대학을 다녔음을 가정하는가? 모두가 안정된 가정에서 자랐음을 가정하는가? 모두가 매년 휴가를 보냄을 가정하는가? 이런 것들에 대해 말하는 것이 잘못이라고까지 말할 순 없겠지만, 그러한 경험들이 모든 사람에게 해당하지는 않다는 사실을 반드시 고려하라.

설교자는 자신이 사역하는 곳의 문화적 가치기준을 알아야 한다. 니드리커뮤니티교회에서 설교할 때, 나는 교인들의 삶이 매우 고달프다는 것을 알 수 있었다. 만일 내가 정장 차림에다 넥타이를 매고서 17세기 영국인처럼 말했다면 그들은 좋은 반응을 보이지 않았을 것이다. 내가 몹시 다정다감한 미국인처럼 행동하여 그들의 감정을 자극하려 했어도 그들은 좋아하지 않았을 것이다. 그들은 꾸밈없는 말을 좋아했고 무뚝뚝한 도전에 잘 반응했다.

둘째, 좋은 설교는 보통 **강해적이다.** 말하자면, 좋은 설교는 성경 본문에서 주제를 취하여 그 의미를 드러내고자 한다. 성경을 가르치는 일의 중요성에 대해서는 앞에서 얘기했으므로 여기서 장황하게 설명하진 않을 것이다. 다만 성경의 다양한 장르 전부를 강해식으로 가르치는 것이 최선임을 밝히고자 한다. 이 접근법은 사람들로 하여금 스스로 성경을 읽도록 가르쳐준다. 또한 이것은 설교의 주제를 정함에 있어 교사의 결정보다는 성경 자체의 순서를 따르게 한다. 솔직히 말해서, 당신이 가난한 사람들을 대상으로 사역하기 위해 (이웃에 사는 남미 사람들을 대상으로 일할 때의 나처럼) 문화적 경계를 넘어서야 한다면, 당신은 그들에게 필요한 것이 무엇인지를 두루 이해하진 못할 것이다. 하지만 당신은 그들에게 성경이 필요함을 분명히 알고 있으며, 따라서 성경을 강해식으로 가르침으로써 단순히 하나님 말씀을 전하는 것이 더 낫다.

셋째, 좋은 설교는 **실천적이다.** 강해 설교는 교리의 모호한 부분들에 대한 무미건조한(정확할 때도 있지만) 강의와는 매우 달라야 한다. 성경에서 무엇을 말하는지를 단순히 설명하는 것만으로는 충분하지 않다. 회중을 전염시키는 거짓 신념들과 독특한 유혹과 도전들을 구체적으로 다루어야 한다. 좋은 설교는 삶의 변화를 목표로 하며, 그래서 설교자는 옛 본문과 우리 청중의 세계 간의 시간 간격이

(이것은 존 스토트의 표현이다)[1] 연결되도록 도와주어야 한다. 만일 가난한 지역에서 성경을 가르치고자 한다면, 당신은 하나님 말씀을 그 지역 사람들의 삶에 기도하는 마음으로 신중히 적용할 필요가 있다.

당신의 교회가 어떤 교회이길 원하는가

나는 '당신이 그것을 설교하면 사람들이 올 것'이라는 식의 사역 접근법을 주장하고 있지 않다. 설교만 신경쓰면 된다는 생각은 잘못이다. 사람들이 없으면 당신의 설교를 아무도 듣지 않는다. 강해 설교만으로 아무도 없는 지역 사회에서 교회를 세울 순 없을 것이다. 먼저, 복음과 자신의 삶을 지역 사회 주민들과 함께 나누기 위해 많은 시간과 열정을 기꺼이 투자할 사람들이 필요할 것이다. 하나님이 사람들을 구원하여 교회로 함께 부르신 후에, 비로소 설교가 신자들의 제자화와 지역 사회의 복음전도를 위해 중요한 역할을 할 것이다.

그러나 가난한 지역 사회에서 교회를 재활성화시키거나 개척하기를 바란다면, 당신은 설교의 우선순위를 숙지해야 한다. 교회가 세워지는 것은 하나님 말씀의 선언을 통해서이다. 만일 당신이 설교자가 아니지만 가난한 사람들을 위한 교회 사역에 팀원으로 동참

---

[1] *Between Two Worlds: The Art of Preaching in the Twentieth Century* (Grand Rapids, MI: Eerdmans, 1982), 137.

하길 원한다면, 당신은 이 우선순위를 위해 조력해야 한다. 개척되고 있는 교회가 교회다운 모습을 갖추게 돕는 일에 참여하고 있다면, 다른 무엇보다도 하나님 말씀이 설교되는 것을 우선적으로 기대하라. 그것이 바로 당신이 원하는 교회이다.

8장
멤버십과 권징의 중요성

당신이 이 책을 처음 폈을 때, 아마도 교회 멤버십과 권징에 관한 장이 들어 있을 거라고 예상하진 않았을 것이다. 나(마이크)는 가난한 지역의 교회들을 위해 교회 멤버십과 권징을 적극적으로 권하는 컨퍼런스를 본 적이 없다. 궁핍한 사람들에게 다가가려는 교회는 교회 멤버들의 명단부터 작성할 필요가 있다고 주장하는 블로그 글을 당신은 본 적이 있는가? 아마 없을 것이다.

가난한 지역 사회에서는 (더 많은 파라처치 사역들 대신에) 강력한 지역 회중이 필요하다는 점은 이미 앞에서 주장한 바 있다. 메즈와 나는 회중의 건강과 성숙을 위해서는 제대로 된 멤버십과 권징이 매우 중요함을 확신한다.

비판적인 견해들도 있지만, 교회 멤버십 개념을 설정하고 실천하는 것은 교회 생활을 위한 20세기 중엽의 구식 '비즈니스 모델'이 아니다. 성경에는 교회들이 누가 교회 멤버이고 누가 아닌지를 매우 분명히 해야 함을 강조하는 사례들이 등장한다. 본장에서는 교회 멤버십과 관련한 성경의 사례들을 살펴본 다음에, 제대로 된 멤버십과 권징이 궁핍한 지역에서의 사역에 어떤 식으로 영향을 미치는지를 설명하고자 한다.

인사이더와 아웃사이더

성경의 방대한 줄거리를 특징짓는 한 가지 방법은, 그것을 자신의 백성에 대한 하나님의 사랑 이야기와 원수들에 대한 하나님의 진노 이야기로 보는 것이다. 하나님의 벗이 되는 것과 하나님의 원수가 되는 것 간에는 뚜렷한 차이가 있다. 따라서 성경 전반에 걸쳐, 천지 창조로부터 완성의 때까지, 하나님이 그분의 백성과 그분의 백성이 아닌 자들을 분명히 구분하시는 것은 놀라운 일이 아니다.

에덴동산에서 하나님의 백성은 그분과 교제하며 살았다. 하지만 아담과 하와가 반역한 후에, 하나님은 그들과의 직접적인 친교를 폐하시고 그들을 동산에서 쫓아내셨다. 하나님은 동산 둘레에 경계선을 정하시고 천사로 하여금 인간들의 출입을 금하게 하셨다. 그들이 의로운 상태에서는 '안'에 있었지만 죄를 범한 후에는 '바깥'에 있었다.

창세기 12장에서 하나님은 아브라함에게 나타나셔서 은혜롭게 약속하시기를, 당신께 속한 새 민족, '인사이더들'인 새 인종을 아브라함의 후손을 통해 만드실 거라고 하셨다. 그리고 17장에서 이 약속을 재확언하셨다. "내가 내 언약을 나와 너 및 네 대대 후손 사이에 세워서 영원한 언약을 삼고 너와 네 후손의 하나님이 되리라… 나는 그들의 하나님이 되리라"(창 17:7-8). 이는 다른 모든 인간들과의 관계와는 구분되는 언약 관계가 아브라함의 후손들과 여호와 하나님 사이에 있을 거라는 약속이었다. 즉, 두 종류의 사람들이 있을 것이었다. 하나는 '하나님의 백성'이고 다른 하나는 '하나님의 백성이 아닌 자들'이다. 아브라함에게 일찍이 주신 약속은 그 경계선을 훨씬 더 뚜렷하게 보여준다. "너를 축복하는 자에게는 내가 복을 내리고 너를 저주하는 자에게는 내가 저주하리니"(창 12:3).

이 영적 현실을 물리적으로 분명하게 표현할 수 있도록 하나님은 아브라함에게 할례라는 표지를 주셔서, 어떤 사람이 하나님의 백성으로 소속되게 되었음을 표시하는 멤버십 취득의 예식으로 삼게 하셨다. 이 표지는 너무나 중요했으므로, 이방 민족 출신자들도 할례를 통해 하나님의 백성 가운데 포함될 수 있었고(창 17:27), 혈통상 아브라함의 후손들도 할례를 거부하면 하나님의 백성에게서 끊어질 수 있었다(14절). 하나님은 분명한 구분선을 제시하셨다. 할례받은 자들은 포함되고, 그밖의 모든 이들은 배제되었다.

레위기의 율법은 이 구분선을 더 확고히 하고 성문화했다. 이를 통해 아브라함의 후손은 세상의 나머지 사람들로부터 더욱더 뚜렷하게 구분되었다. 하나님은 자신의 백성이 순수하고 거룩하고, 그들의 의복부터 음식과 예배에 이르기까지 모든 면에서 구별되기를 원하셨다. 이제 하나님의 백성과 하나님의 원수들을 구별하는 또 다른 방법이 존재하게 되었다. 즉, 율법을 지키는 자들은 포함되고 그 밖의 사람들은 배제되었다.

모세가(그리고 후에는 여호수아가) 이스라엘 백성더러 가나안 땅을 차지할 때 구별됨과 순수성을 유지할 것을 거듭 당부했던 것도 바로 이 때문이다. 그들은 가나안 땅의 **물리적** 경계 안에서 살아야 했던 것과 마찬가지로, 레위기 율법과 성결법의 **영적** 경계 안에서 살아야 했다. 여호수아는 다음과 같이 경고했다:

"그러므로 스스로 조심하여 너희의 하나님 여호와를 사랑하라. 너희가 만일 돌아서서 너희 중에 남아 있는 이 민족들을 가까이 하여 더불어 혼인하며 서로 왕래하면 확실히 알라. 너희의 하나님 여호와께서 이 민족들을 너희 목전에서 다시는 쫓아내지 아니하시리니 그들이 너희에게 올무가 되며 덫이 되며 너희의 옆구리에 채찍이 되며 너희의 눈에 가시가 되어서 너희가 마침내 너희의 하나님 여호와께서 너희에게 주신 이 아름다운 땅에서 멸하리라"(수 23:11-13).

여러 면에서, 이스라엘의 역사는 이 구별됨을 유지하지 못한 실패의 역사이다. 사사기로부터 시작하여 구약성경의 전 역사는 이스라엘이 우상숭배와 통혼 때문에 주변 민족들로부터 구별되는 데 실패한 역사의 기록이다. 이 이웃 민족들과 관련하여, 이스라엘인 됨의 의미는 점점 더 작아졌다. 이스라엘의 포로기 무렵에는, 남은 자만이 신실함을 유지했다. 이스라엘이 이교 민족처럼 살며 우상숭배를 행했기 때문에, 하나님은 그들을 이교 민족들에게로 보내어 그들 가운데서 살게 하셨다. 영적 경계가 사라졌기 때문에, 하나님은 그 땅의 물리적 경계도 폐하셨다. 누가 안에 있고 누가 밖에 있는지가 더 이상 분명하지 않았다.

신약성경으로 돌아가면, 우리는 하나님이 그분의 아들을 보내사 자신을 위한 새 민족, 곧 교회를 만드심을 본다. 이제 그리스도의 사역 때문에 유대인들과 이방인들 모두가 믿음을 통해 하나님의 백성이 되도록 초청받는다. 전에는 백성이 아니던 자들이 **이제는 하나님의 백성**이다(벧전 2:10). 한 때 밖에 있던 자들이 이제는 안에 있다.

물리적 할례나 육체적 혈통 대신에, 그리스도를 따르는 자들은 세례(또는 침례)를 통해 하나님의 백성으로 확인된다(행 2:41). 이 세례(또는 침례)는 십자가에 달리시고 다시 사신 그리스도와 동일시됨을 상징한다. 바울은 이렇게 썼다. "무릇 그리스도 예수와 합하여 세례를 받은 우리는 그의 죽으심과 합하여 세례를 받은 줄을 알지 못하느냐. 그러므로 우리가 그의 죽으심과 합하여 세례를 받음으로 그와 함께 장사되었나니 이는 아버지의 영광으로 말미암아 그리스도를 죽은 자 가운데서 살리심과 같이 우리로 또한 새 생명 가운데서 행하게 하려 함이라"(롬 6:3-4).

그리스도께서 오셔서 십자가 위에서 완수하신 사역으로 인해 구약의 하나님 백성과 신약의 하나님 백성 사이에 불연속성이 생겨났다. 구약의 이스라엘은 아브라함의 물리적 후손들과 영적 후손들로 이루어진 혼합된 공동체였다(롬 9:6-8). 하지만 여호와께서는 예레미야 선지자를 통해 새 언약을 약속하셨다. 이 새 언약은 이스라엘의 조상들과 맺으신 언약과 같지 않으며, 그 언약 안에서 "작은 자로부터 큰 자까지 다" 여호와를 알게 되는 특징을 갖는다(렘 31:31-34). 즉 그리스도의 몸은 믿음으로 그리스도께 연합된 자들로만 구성된다. 예언의 말씀에 따르면, 그들 **모두가** 여호와를 안다.

신약의 하나님 백성에 누가 포함되고 누가 배제되는지 고려할 때, 우리는 구약과 신약 사이에 이 같은 불연속성이 있음을 뚜렷이 알 수 있다. 그러나 우리는 구약의 하나님 백성과 신약의 하나님 백성 사이에 연속성이 있음에도 주목해야 한다. 하나님은 안에 있는 자들과 밖에 있는 자들을 계속 구분하신다. 예수님 안에서 세례(또는 침례)받은 자들이 있고, 그렇지 않은 자들이 있다. 심지어 예수님은 교회를 양 우리에, 자신을 그 우리의 문에 비유하셨다(요 10:7). 양 우리에는 울타리가 있다. 또한 예수님은 자신이 그의 양을 알며 그의 양도 그를 안다고 말씀하셨다(14절).

이 포함과 배제의 패턴은 역사의 완성 때 절정에 달할 것이다. 마지막 때에, 하나님이 최종적이고도 확연하게 분리하실 것이다. 누가 하나님의 백성이고 누가 아닌지를 그 엄숙한 날에 모든 인류가 분명히 알게 될 것이다. 양들은 염소들로부터 분리될 것이다(마 25:31-33). 어린 양의 생명책에 이름이 기록된 자들은 영광 가운데로 인도되고, 그 책에 이름이 없는 자들은 쫓겨날 것이다(계 21:27).

신약시대 교회의 멤버십

신약성경의 기록을 주의 깊게 살펴보면, 초기 기독교 교회에 의미 있는 멤버십이 존재했음이 분명하다. 특정 성경 구절 하나만으로는 불명확하지만, 전체적으로 고려할 때 교회 멤버십이 존재했음을 뒷받침하는 튼튼한 논거를 볼 수 있다. 초대교회에 교회 멤버십이 존재했음을 뒷받침하는 다섯 개의 본문을 살펴보자.

1. 교회에 '합류하기를' 꺼리는 사람들

사도행전 5장 12-13절에서는 "사도들의 손을 통하여 민간에 표적과 기사가 많이 일어나매 믿는 사람이 다 마음을 같이하여 솔로몬 행각에 모이고 그 나머지는 감히 그들과 상종하는(join) 사람이 없으나 백성이 칭송하더라"라고 알려준다.

아나니아와 삽비라의 죽음에 관한 소식을 들었을 때, 교회 안의 신자들과 비신자들 양측 모두가 두려움에 사로잡혔다.

몹시 두려워서 교인들과 감히 "상종[하려고도]"하지 않는 사람들이 많았다. 아마 자신도 비슷한 죽음을 당할까봐 두려웠을 것이다.

"상종하는"(join)으로 번역된 헬라어는 "단단히 묶다," "함께 결합하다," "연합하다"라는 뜻을 갖고 있다. 동일한 단어가 고린도전서 6장 17절에서는 신자와 그리스도 간의 연합을 가리키는 말로 사용된다. 또한 사도행전 5장 13절에서는 적어도 만찬회에 참석하는 것처럼 **어쩌다 한 번씩 만나는 것 이상**의 더 깊은 유대를 가리키는 말로 사용된다. 이 단어는 어떤 클럽에 정식으로 가입하는 것과 같이, 일정한 형식을 갖춘 관계 형성을 시사한다.

2. 과부 명단

디모데전서 5장 9-12절에서 바울은 교회의 구제 명단에 올릴 과부에 관한 지침을 디모데에게 제시한다. "과부로 명부에 올릴 자는 나이가 육십이 덜 되지 아니하고 한 남편의 아내였던 자로서 선한 행실의 증거가 있어…젊은 과부는 올리지 말지니…."

"올릴"(enroll)이라고 번역된 단어의 뜻은 구체적일(실제로 어떤 명단에 올린다는 뜻) 수도 있고 일반적일(어떤 그룹의 일원으로 간주한다는 뜻) 수도 있다. 전자의 경우 교회에서 과부인 멤버들의 명단을 보관하고 있었다는 것을 의미한다. 그러나 후자의 경우에도 교회가 교회 멤버십에 부합하는 방식으로 교인과 교인 아닌 사람을 구분하고 있었음을 보여준다.

여기서 내가 과부 명단을 언급하는 이유는 무엇일까? 과부 명단을 마련하여 관리하는 교회가 멤버 명단을 마련하지 않는다고 상상하기는 힘들다. 만일 멤버 명단이 없다면, 어떤 과부들을 대상으로 과부 명단에 올릴지 고려하겠는가? 에베소 전역의 모든 과부들? 여러 해 전에 몇 차례 모습을 보였던 과부? 물론 이들은 포함되지 않았을 것이다. 교회는 특정한 그룹에 속한 과부들을 놓고 그 중에서 고려했을 것이다.

3. 많은 사람에게서 벌 받는 것

고린도후서 2장 6절에서 바울은 어떤 개인에게 가한 교회의 권징을 "많은 사람에게서 벌 받는 것"이라 말한다. 교회 권징에 대해서는 나중에 더 자세히 살펴보겠지만, 여기서 "많은 사람"을 언급한 건 어떤 규정된 일단의 사람들이 있었고 그들 중에서 여기 "많은 사람"이 구성되었음을 의미한다. "많은 사람"이란 불특정 다수일 수 없고 어떤 **특정한 무리**에 속한 많은 사람임이 분명하다.

이 사람들은 권징 여부를 결정하는 투표날에 우연히 참석한 그리스도인들이었을까? 비그리스도인들이 투표할 수 있었을까? 무슨 영문인지도 모른 채로 다른 도시에서 그곳을 방문한 그리스도인들이 투표할 수 있었을까? 바울이 "많은 사람"이라고 일컬은 사람들은 교회의 멤버로 인정되는 사람들 중의 다수라고 보는 것이 가장 자연스러운 추측이다.

4. 지도자들의 책임성(accountability)

신약성경은 교회 지도자들에게 감독 책임을 부지런히 이행하라고 경고한다. 사도행전 20장 28절에서 바울은 에베소의 장로들에게 "여러분은 자기를 위하여 또는 **온 양 떼를** 위하여 삼가라"라고 지시한다. 히브리서 13장 17절에서는 장로들을 존경할 것을 교회에 당부하면서 "그들은 너희 영혼을 위하여 경성하기를 자신들이 청산할 자인 것 같이 하느니라"라고 말한다.

장로들이 보살피는 양 떼를 누가 모으셨는가? 교회 지도자들은 어느 영혼을 위하여 책임을 지는가? 도시의 시민들? 그들의 교회에 나온 적이 있는 모든 이들? 물론 아니다. 그들은 교회 멤버들에 대하여 책임을 진다. 즉, 누구나 알 수 있게 그들의 보살핌에 맡겨진 바로 그 사람들에 대하여 하나님 앞에 책임을 진다. 교회 멤버십 없이는 교회 지도자들이 자신의 역할을 제대로 수행하지 못한다.

5. 교회에 대한 비유

신약성경은 지역 회중을 묘사하기 위해 여러 가지 비유들을 사용한다. 사도행전 20장 28절은 교회를 양 떼라 지칭한다. 고린도전서 12장 12절은 교회를 몸에 비유한다. 베드로전서 2장 5절은 교회를 건물에 비유한다.

이 비유들 각각은 전체로서의 회중과 개인 간의 분명한 관계를 드러낸다. 그리스도인 개인은 몸의 지체이며 양 떼 속의 양이다. 또한 베드로의 말에 따르면, 영적인 집을 구성하는 "산 돌"이다.

우리의 교회 이해에 매우 중요한 이 비유들을 살펴보면, 교회에 소속된다는 것은 그저 격식을 차리지 않는 헌신 그 이상을 개개인에게 요구한다. 건물을 구성하는 돌 중에는 비공식적으로 연결된 돌이라는 것은 없다. 모든 돌들은 시멘트로 서로 굳건히 접합되어 있다. 양들은 이 무리에서 저 무리로 제맘대로 뛰어다니지 않는다. 목자는 자신이 몇 마리의 양을 돌보고 있는지 정확히 안다. 몸을 이루는 각 지체 간에 비공식적 연결이란 것은 없다. 지체들은 서로 복잡하고 긴밀하게 연결되어 있으며 서로 의존한다. 우리가 공식적으로 지역 회중에 연결될 때 우리는 성경의 비유들을 가장 잘 반영하게 된다.

다른 증거들도 있지만, 이들 다섯 가지 예는 교회의 삶에 참여하는 것이 격식 없는 행위이거나 마음대로 도로 물릴 수 있는 일이 아니었음을 시사한다. 그것은 공식적으로 가입하는(합류하는) 관계였으며, 책임(권징을 결정하거나 리더십에 복종하는 것)과 특권(미망인들을 위한 구제, 하나님의 백성 안에 포함됨)을 수반하는 관계였다. 이 일이 교회의 멤버십에 대한 분명한 인식 없이 이루어졌을 거라고 상상하기는 힘들다.

가난한 지역 사회에 교회 멤버십이 필요한 이유

교회 생활에 대해 성경이 어떻게 묘사하는지 살펴보았다. 이를 통해 성경은 누가 회중에 속하는지 분명하게 정립할 것을 우리에게 요구함을 확신하게 되었기 바란다. 나아가, 교회 멤버십은 성경의 요구일 뿐 아니라(당신이 그리스도인이라면 이것만으로도 무언가를 행하기에 충분한 이유가 된다) 가난한 지역 사회에 다가갈 수 있는 건강한 회중을 형성하는 데에도 도움이 된다(5장을 보라).

1. 멤버십은 '이류 증후군'을 막아준다

교회 안에서 교묘한 계급 제도가 쉽게 조성될 수 있다. 돈이 많거나 교육을 많이 받은 사람들은 그렇지 못한 신자들을 낮추어보며 무시하려는 유혹을 받을 수 있다(참조, 약 2:1-6). 만일 궁핍한 지역의 사람들이 그리스도께 나아오는 모습을 보길 바란다면, 교회는 반드시 그 사람들을 반쪽 짜리 멤버가 아닌 온전한 멤버로 제대로 받아들여야 한다.

유의미한 멤버십(형식적인 멤버십 제도가 아니라 성경에 의거하여 실질적 중요성을 발휘하게 운용되는 멤버십을 말함—편집주)은 교회에서 탁월한 '차별제거 효과'를 낸다. 교회 멤버십은 모든 그리스도인들이 하나님 앞에서 같은 신분을 가진다는 점을 분명히 해준다. 우리는 그리스도의 몸의 지체일 뿐이다. 가난한 지역 사회에 다가가길 원하는 회중은 이 성경적 진리를 이해해야 한다. 궁핍한 지역 사회의 사람들이 그리스도께 나오면, 그들은 세례(또는 침례)를 받고 교회의 멤버십 안으로 받아들여져야 한다. 이를 통해 그들이 온전히 받아들여지고 온전하게 기능하는 지체라는 사실을 분명히 해야 한다.

2. 멤버십은 책임성과 연결을 강화한다

교회 멤버십이 분명하게 세워지면 회중 상호 간의 책임성 및 회중과 지도자 사이의 책임성이 강화된다. 멤버십은 헌신을 요구하며, 또한 멤버십은 교회의 일원이 된다는 것이 어떤 의미를 내포하는지를 성경적 용어로 명확히 해준다. 사람들이 교회 멤버가 될 때, 그들은 교회 안의 모든 사람들을 사랑하고 배려하며, 그들을 위해 기도하고, 그들의 영혼을 위해 책임성(accountability)을 갖고 서로 돌아보겠다고 약속하는 셈이다. 이는 교회의 모든 멤버들이—부유층과 빈민층과 중산층 모두가—서로 사랑하도록 부르심 받음을 뜻한다. 우리의 회중 안에서, 우리는 노숙자들과 이민자들이 그리스도께 나오기를 원할 뿐만 아니라, 그들이 회중 속에 깊이 동화되어 온전한 역할을 하는 교회 멤버가 되기를 원한다.

3. (권징을 포함하여) 멤버십은 어떤 사람이 신자임을 분명하게 한다

고린도전서 5장에서, 바울은 공개적이며 추악한 죄 가운데서 살고 있는 사람을 처리할 방법을 교회에 알려준다. 교회의 건강을 위해 회중은 그런 자를 "사탄에게 내어줌[으로써]" 교회 권징을 행사해야 한다. 2절에서 바울은 그런 사람을 회중 가운데 머물게 하지 말고 그들 중에서 "쫓아내야" 한다고 말한다. 이 구절에서 주목할 만한 사항들이 몇 가지 있다.

첫째, 2절에서 묘사된 징벌은 이 사람을 "너희 중에서 쫓아[내는]"것이다. 교회 권징의 결과 죄인은 회중으로부터 분리된다. 이 것은 공식적인 멤버십(formal membership)이 존재함을 시사한다. 먼저 공식적으로 소속되는 일이 없었다면 어떻게 분리되는 일이 있었 겠는가? 예를 들어보자. 나는 북부 캘리포니아 왼손잡이 골퍼 협회 (Northern California Left Handed Golfer's Association)의 멤버였던 적이 없기 때문에 그 협회로부터 제명될 수도 없다. 그들의 웹사이트에 따르면, 그 협회가 회원의 멤버십을 박탈하는 몇 가지 이유들이 있다(오른손잡이로 드러나는 것과 같은 경우일 것이다). 하지만 나는 그 규정과 아무런 상관이 없다. 왜냐하면 애당초 그 협회의 멤버가 아니기 때문이다.

둘째, 교회의 권징은 "(함께) 모였을 때" 행해져야 한다(4절). 멤버십의 존부와 관련된 명확하고 공식적인 교회의 모임이 여기 있었고, 그들은 회중이 모일 때 누가 그 자리에 있을지 알고 있었다. 분명이것은 유의미한 교회 멤버십을 시사한다.

셋째, 바울은 오직 교회 "안에 있는" 사람들만을 권징함을 알려준다(12절). 사도는 세상의 도덕성을 관할할 것을 교회에게 당부하고있지 않다. 분명히 교회는 안에 있는 사람과 밖에 있는 사람이 누군지를 알고 있었다. 명확한 교회 멤버십 없이는 적절한 교회 권징은불가능하다.

넷째, 교회 권징은 교회의 유익을 위한 것이지만 권징 대상자의유익을 위한 것이기도 하다(5절). 교회가 부도덕한 사람을 회중의 멤버십 밖에 두는 건 결국 그의 영혼이 궁극적으로 구원받을 수 있게하기 위함이라고 바울은 주장한다. 우리가 교회 권징을 불편하고눈에 거슬리는 어떤 것으로 여길 수도 있지만, 사도는 그것이 죄인을 향한 사랑의 행위라고 생각했다. 어떤 사람이 회중 안에 자리를견고하게 잡고 있을 때 그는 상당한 구원의 확신을 가진다. 외부적인 권위가 그의 신앙고백을 점검하고 인정한 것이다.

그러나 교회가 권징을 통해 그러한 인정을 철회하면, 그것은 죄가운데 사는 사람에게 경종이 된다. 회개를 거부하는 자의 신앙고백은 의문시되며, 그 사람은 자신의 영혼이 위험에 처해 있다는 현실과 직면하게 된다. 물론 교회 밖으로 쫓겨난 사람들 모두가 회개하고 돌아오는 것은 아니다. 하지만 5장에 언급된 랍(Rab)의 경우처럼, 하나님의 은혜로 돌아오는 사람들도 있다.

다섯째, 교회 권징은 그리스도인이 어떠해야 하는지를 세상 사람들에게 보여준다. 고린도 교회에서 권징을 받은 사람의 부도덕함은 지역 사회 이교도들의 지탄을 받을 정도로 심각했다(1절). 만일 교회가 아무런 조치도 취하지 않았다면, 지켜보는 세상 사람들이 그리스도인들을 가장 타락한 부류로 단정했을 것이다. 그 사람을 교회에서 쫓아냄으로써, 회중은 세상을 향해 죄에는 결과가 따르며 회개하지 않는 부도덕한 사람은 참된 그리스도인이 아님을 분명하게 보여준 것이다.

4. 교회의 복음전도 활동은 그 구별된 모습에 의존한다

종종 요즘의 그리스도인들은 복음전도 능력이 우리가 세상 사람들과 같음을 얼마나 많이 보여주는가에 달려 있다고 생각한다. 하지만 고대 이스라엘이 이방 민족들의 여러 신들을 좇으려는 유혹을 받은 이래로, 오늘날의 교회들도 동일한 도전, 곧 구별됨과 관련한 도전을 받고 있다. 소금이 짠 맛을 잃으면 무슨 유익이 있겠는가? 그것을 내던져버릴 것이다. 혹은 등불을 켜서 사발 그릇 아래에 둔다면 무슨 유익이 있겠는가? 세상 사람들로 하여금 하나님을 찬양하게 하는 것은 우리의 구별된 삶이다(마 5:13-16; 또한 벧전 2:9-12을 보라).

멤버십과 권징의 건강한 실천은 교회의 구별됨을 함양하며 보호하는 중요한 역할을 한다. 이것들이 변화된 삶을 가져오는 주된 **원인**은 아니며 선포된 말씀이 주된 원인이다. 하지만, 멤버십과 권징의 바른 실천은 변화된 삶을 보호하고, 명확히 하며, 밝히 드러나게 한다. 힘든 지역 사회에서 사람들이 그리스도의 나라의 전초기지가 되어 구별된 모습을 드러내는 것은 얼마나 소망을 주는 일인가? 지역 주민들의 눈에, 일단의 사람들이 초자연적으로 변화되었고 또한 변화되고 있는 것이 보인다면 그들은 무엇을 느끼게 될 것인가?

하지만 서구 사회에서 너무나 많은 교회 멤버들이 세상과 똑같이 죄악된 삶을 살아가며(고전 5장), 그럼에도 교회 지도자들이나 회중이나 어느 누구도 나서서 그런 죄악을 대처하지 않기 때문에 교회의 복음전도적 증거가 큰 타격을 입고 있다.

실제적 적용에 대하여

궁핍한 사람들을 대상으로 사역한다는 것은 종종 엉망인 삶에 연루되는 것을 의미한다. 물론 가난하지 않은 사람들의 삶도 엉망일 수 있지만, 가난은 문제를 악화시키며 삶을 복잡하게 하는 죄악들이 여기에 연루되어 있는 경우가 종종 있다. 따라서 교회 멤버십은 다음과 같은 여러 복잡한 상황들을 유발할 수 있다.

- 불법 체류자도 멤버일 수 있을까? 어떤 사람에게 멤버십을 부여하는 과정에서 교회가 그 사람의 이주 상태에 대해 어느 정도나 물어봐야 할까?
- 메타돈(헤로인 중독 치료에 쓰이는 약물—역자주) 처방을 받는 사람이 멤

버일 수 있을까?

- 20년 동안 혼전 동거생활을 해 온 사람이 그리스도께 나아온다면 어떻게 해야 할까? 그들은 얼마나 빨리 결혼해야 할까? 그들 각각의 배우자가 고국에 있으며, 수십 년 동안 자신의 동거 사실을 배우자에게 알리지 않은 경우에는 어떻게 해야 할까?

사람들을 교회 멤버로 받아들이기 전에 그들의 삶이 완벽하게 정리될 때까지 기다려서는 안 된다. 하지만 확실한 회개와 믿음의 고백을 확인할 필요가 있다. 여자 친구와 동거하는 사람은 이사 나갈 필요가 있을 것이다. 마약 밀매자는 그 일을 중단할 필요가 있다. 그러나 우리는 교회에 합류하는 사람들에게 완벽을 요구하지 않는다. 다만 죄에 대항하여 싸울 것을, 즉 회개할 것을 요구한다.

이런 문제들을 자세히 파악하기 위해, 우리 교회의 장로들이 멤버십 후보자들을 인터뷰하고, 우리의 신앙선언문을 설명하며, 멤버의 책임과 교회 지도자들의 책임에 대해 알려준다. 그리고 복음에 대해 그리고 경건한 순종의 삶이 무엇을 뜻하는지에 대해 확실하게 이해시킨다. 우리는 교인 총회가 있기 한두 주 전에, 멤버십 후보자의 증언을 회중에게 제공한다. 그리고 교회 멤버들더러 그 사람에 관해 우려나 의문이 있다면 주저말고 의견을 제시해달라고 독려한다.

이 과정은 신중하고 세심하게 진행된다. 이 과정의 목표는 교회에 합류하는 모든 이들이 (1) 예수님을 따르라는 요구의 심각성을 제대로 인식하고, (2) 교회 가족의 중요성을 이해하고, (3) 경건한 리더십과 책임성(accountability)에 복종하고, (4) 교회와 세상의 차이점을 알며 그들이 누구에 대해 동료 멤버로서의 책임을 부담하는지를 알게 목양하려는 것이다.

한편 교회와 세상 간의 구분선을 명확히 하는 것은 교회 안의 사람들에게는 물론이고 교회 밖의 사람들에게도 도움이 된다. 한번은 그리스도인임을 자처하는 사람이 메즈의 교회에 출석했다. 하지만 그는 마약을 밀매하고 포르노 필름을 판매하고 지역 사회의 남녀들과 성관계를 맺었다. 길거리에서 만나는 사람들이 이 사람에 대해 메즈에게 말하곤 했다. 그래서 메즈는 자신이 그 사람을 사랑으로 돌보는 건 사실이지만 그 사람이 교회에 출석만 할 뿐 교회 멤버는 아니라고 설명해주었다. 이처럼 "관심을 갖는" 주민들과의 추가적인 대화가 이어졌다. 메즈는 **왜** 그 사람이 멤버가 아닌지 그리고 교회의 멤버 됨이 무엇을 뜻하는지를 설명해줄 수 있었다. 요컨대, 멤버십의 선을 분명하게 그어둠으로써, 니드리커뮤니티교회는 그 사람에게 문을 열어주되 그의 신앙을 보증하거나 그가 예수님에게 속한 사람이라고 세상 사람들에게 알리진 않았다. 멤버십에 대한 분명한 견해를 지니고 있으면, 그저 교회에 출석만 하는 사람으로 인해 지역 사회에서 교회의 증언이 훼손되는 것을 방지하면서 동시에 그러한 사람에게 교회의 사랑을 보이는 데 도움이 된다.

교회의 권징도 마찬가지 역할을 한다. 어느 교회의 전도사가 지역의 한 여성을 임신시켰고, 그로 인해 지역 사회에 험담이 자자했다. 교회에서 이 사람을 권징하자 지역민들이 깜짝 놀라며 반겼다. 또 다른 출교 조치가 취해졌을 때는, 그 대상자의 가족 중의 대부분이 전도되는 결과를 가져왔다. 그들은 교회의 강력한 입장을 지지하며 성원했다. 그들이 보기에 교회가 더 신뢰할 만한 대상이 된 것이다.

결론

교회 멤버십은 선교적 교회들이 감당할 수 없는 사치품처럼 보일 수도 있다. 아마 그것은 복음을 들고 세상에 들어가기보다는 자신의 자그마한 정원을 꾸미는 데 더 관심을 갖는 까다롭고 케케묵은 회중의 이미지를 떠올리게 할 것이다. 그런 그릇된 모습을 보이는 교회들도 더러 있지만, 목욕물과 함께 아기를 버리지 말아야 한다. 우리가 교회와 세상을 구분하는 선을 흐릿하게 할 순 없다. 빛과 어둠이 사귈 순 없다(고후 6:14-7:1을 보라). 궁핍한 지역 사회는 단지 여러 가지 '이웃돕기' 프로젝트나 책임 있는 부모가 되는 법에 관한 워크숍 같은 것을 주최하는 또 다른 '커뮤니티 센터'가 필요한 것이 아니다. 그들은 소금처럼 짠맛을 내고 언덕 위의 등대처럼 빛을 훤히 비추는 그리스도의 나라의 전초기지들을 필요로 한다.

3부
힘든 곳에서의 사역

9장
자신을 준비하라

목사들과 신학생들 그리고 교회 개척을 준비하는 이들이 니드리에서의 사역과 관련하여 여러 가지 질문들을 내게(메즈) 던지곤 한다. 예를 들면 이렇다. 우리 교회 인근의 가난한 이웃에게 다가가려면 어떻게 해야 하나요? 새로운 교회를 개척해야 하나요 아니면 기존의 교회를 재활성화해야 하나요? 제 자신이 이런 사역에 적합한지 어떻게 알 수 있나요? 우리가 가난한 지역으로 이사하는 것이 필요한가요?

본장에서 이 모든 질문들에 답할 수는 없지만, 그동안 내가 배운 중요한 교훈들 몇 가지를 소개하고자 한다.

1. 혹독한 현실을 인식하라
내가 2007년에 니드리에 도착하기 직전에, 누군가가 내게 스코틀랜드 전국 신문인 스코츠먼(The Scotsman)을 보내주었다. 그 신문에는 내가 부임할 예정이었던 교회와 관련하여 "공공기물파괴자들의 공격에 대한 방어 대책을 세우지 않을 수 없는 새 교회"라는 제목의 기사가 실려 있었다. 그 기사 내용은 이렇게 시작되었다.

전적으로 뉴타운 회중의 기부로 건립된 한 교회가 공공기물파괴자들에게 포위된 후에 '방어공사'를 위해 1만 파운드를 써야만 했다. 이 파괴자들로 인해 이미 수천 파운드에 달하는 피해가 발생했다. 새로운 지역 교회가 니드리에 세워질 수 있도록 로즈 스트릿(Rose Street)에 위치한 샬롯테침례교회 멤버들이 70만 파운드 이상의 담보를 제공했다. 하지만 새 교회와 마을회관은 완공된 지 몇 주만에 거듭 파괴되어 유리창들과 중앙난방관들이 파손되었다.[1]

니드리로 오기 직전에 나는 브라질의 길거리 갱단들을 위해 사역했었기 때문에, 도심 지역의 거친 현실에 대해 전혀 모르는 건 아니었다. 하지만 스코틀랜드는 브라질과 매우 다르다. 폭력과 빈곤에도 불구하고, 남미 사람들은 여전히 하나님을 두려워하고 교회를 존중했다. 하지만 내가 니드리에 도착하고서 곧바로 알게 된 사실은, 사람들이 말로는 하나님께 경의를 표하지만 교회를 전혀 존중하지 않

---

1) *The Scotsman online*, March 18, 2006, http://www.scotsman.com/news/new-church-forced-into-fortress-mentality-after-vandals-attack-1-974347/.

으며 내가 목회자이건 아니건 아무 관심이 없다는 사실이었다.

나는 지역의 불량 청소년들에게 공격당하는 교회 건물을 물려받았다. 교회 유리창들이 종종 깨지고 차량들이 불에 탔으며 멤버들은 거리에서 습격당했다. 설상가상으로, 이런 폭력이 여러 해 동안 지속됨에 따라, 지역 청소년들에게는 건물을 부수는 것이 성인이 되는 통과의례와 같은 것이 되어 있었다. 대부분 그 지역 사회 밖에 살고 있던 교회 건물 속의 그리스도인들은 공격당하기 쉬운 타깃이었다.

내게 맡겨진 작은 무리의 신자들은 선의를 지녔고 양심적이었으며 니드리를 향한 진실한 사랑을 품고 있었다. 문제는 그들이 수십 년에 걸친 타락을 문화적 외부인의 입장에서 저지하려 하고 있었다는 것이다. 그들이 지역 사회와 접촉하는 방법은 주일 예배나 어설픈 전도지 또는 가가호호 방문 전도가 전부였다. 심지어 교회 예배 진행 방식마저 가난한 지역 사회에 자리잡은 교회로서는 부적합하게 도시 중심 지역에 자리잡은 전문 직업인 계층 교회들의 문화에 맞춰져 있었다.

그들은 항상 해 왔던 대로 일을 계속 해나갈 목사를 구하고 있었다. 말할 필요도 없이, 처음 몇 달 동안 나는 특히 힘들었다. 교회 멤버들은 프로그램들에만 신경 썼다. 어느 날 나는 47가지 서로 다른 종류의 전도지를 교회 카페에서 치워버린 것에 불만을 품은 한 멤버로부터 이메일을 받았다(사실, 이런 이메일을 내가 받은 건 두 번째였다). 내가 복음전도를 방해하고 있다는 것이었다. 그와 거의 동시에 또 다른 이메일이 도착했다. 왜 성탄절에 거리에 나가서 캐럴을 부르도록 성가대를 독려하지 않는지 그 이유를 알고 싶다는 내용이었다. 또 어떤 멤버는 내가 강단에서 드라마를 계속 할 것인지를 물으면서 만일 그런 식으로 하면 교회를 떠날 거라고 했다.

반면에, 우리를 둘러싼 니드리 지역주민들은 전혀 다른 관심사를 가지고 있었다. 내가 앞에서 언급한 이메일들을 받기 하루 전에, 어릴 때 삼촌에게 강간당했었고 지금은 환각제를 구입하기 위해 몸을 팔고 있는 한 청년과 몇 시간 동안 얘기했다. 어떤 여성은 전기요금을 지불하지 못해서 전기가 끊어졌다고 말했다. 밤에는 몇몇 아이들이 교회의 배수관들을 모조리 훔치느라 골프채로 정면입구계단을 부서뜨렸다.

요컨대, 교회 건물 안에서 만난 사람들과 교회 밖의 삶은 완전히 절연되어 있었다. 나는 그 추운 겨울 아침에 혼자 앉아서, 어떻게 하면 교회를 호전시킬 수 있을지를 생각했다. 브라질에서 교회를 개척할 때, 나는 밑바닥에서부터 시작했다. 그래서 복음 DNA를 교회에 주입시키기가 쉬웠다. 그러나 이번에는 전혀 다른 게임이었다. 이들 두 세계를 어떻게 연합시킬 것인가? 솔직히 그 순간에 나는 교회를 사임하고 싶은 마음이 들었다. 하지만 나는 거기 머물렀고, 힘들 거라는 사실을 받아들였다. 가난한 지역에 위치한 교회들은 여러 이유들로 인해 죽어 가고 있으며, 그 이유들 하나하나가 힘든 것들이다. 개척하는 것과 재활성화하는 것, 둘 다 힘든 일이다. 그것은 전혀 로맨틱한 일이 아니다.

2. 당신의 동기를 이해하라

니드리커뮤니티교회를 방문하는 이들은 종종 이곳에서의 사역에 감명을 받고서, "저도 이 일을 정말 하고 싶어요. 이곳으로 돌아와서 사역하길 원해요"라고 말한다. 그럴 때면 어김없이 나는 그들의 동기에 대해 생각해볼 것을 당부한다. 단순히 감정적으로 그 일에 끌리는 것만으로는 충분하지 않다. 물론 그들은 예수님을 사랑한다. 하지만 집으로 돌아간 지 몇 주 내에 감정은 종종 사라지고 그들은 평범한 삶으로 돌아간다. 성경은 종교적인 사람들이 때로는 혼합된 동기를 지니고 있음을 경고한다(마 6:1-6; 막 9:34; 12:38-40).

우리는 브라질에서도 그런 경우를 보았다. 일꾼들이 왔다가 몇 달 안에 떠나버렸다. 그들은 너무 힘든 사역에 기진맥진해졌다. 선교단체에서 제시하는 사역을 생각하면서 느끼는 감동과, 책을 통해 느끼는 매력이, 실제 삶에서는 실망스럽게 다가온다. 개인적인 격한 감정으로 또는 가난한 자들을 위한 로맨틱한 사랑 개념으로 사역을 시작했다가는 큰 낭패를 보게 된다. 사람들을 위하는 마음과 짓밟힌 자들을 사랑하는 마음이 필수적이지만, 그것만으로는 매일의 삶에서 직면하는 곤경들을 헤쳐 나가기에 충분하지 않다.

이런 일을 위해서는 어떤 동기가 좋은 것일까? 솔직히 고백하건대, 기만적이며 불쾌한 냄새를 풍기는 마약중독자가 내 삶을 그를 위해 내어놓도록 감명을 주진 않는다. 그런 사람들을 사랑하게 하는 것은 오직 예수님을 향한 사랑이다. 예수님 안에 있는 하나님의 은혜를 그리고 그리스도께서 나같이 추악한 인생을 위해 죽으셨다는 사실을 제대로 이해하고 복음에 온전히 감사할 때, 비로소 나는 그런 사람을 즐거이 섬길 수 있다. 설령 그들이 나의 도움에 무관심하며 적대적일지라도 즐거이 섬길 수 있다. 결국 내가 그리하는 것은 그들을 기쁘게 하기 위함이 아니라 그들이 빠져 있는 것과 동일한 구덩이에서 나를 건져내어 구속하신 구주를 사랑으로 섬기기 위해서이다.

한 정신과 의사가 이렇게 썼다.

사람들을 돕는 직업을 가진 모든 이들에게서 볼 수 있듯이, 때로는 목회사역을 시작하는 동기 중에 (개인적으로 원하지만 다른 데서는 얻을 수 없는) 인정과 관심을 얻고자 하는 동기가 있을 수 있다. 때로는 다른 사람들을 지배하며 사실상 작은 교황이 되기를 무의식적으로 바라는 동기도 존재하는데, 그것은 미성숙한 사람들을 대상으로 사역할 때 쉽게 달성할 수 있는 목표이다. 많은 목사들이 사람들을 지도하며 그들의 생각을 바로잡을 수 있다는 데서 무의식적인 만족을 많이 얻는다.[2]

나는 그의 말이 옳다고 생각한다.

당신은 스스로에게 물어보아야 한다. 왜 나는 가난한 사람들 속

---

2) Basil Jackson, "Psychology, Psychiatry, and the Pastor: Part II: Maturity in the Pastor and Parishioner," *Bibliotheca Sacra* 135 (April 1975): 111 – 12.

에서 사역하길 원하는가? 나의 동기는 무엇인가? 현재 복음주의 세계에서는 사회정의와 구제사역이 큰 뉴스거리이다. 그러나 앞에서 보았듯이, 현실은 많은 사람들이 이런 사역에 대해 생각하는 로맨틱한 개념과는 다소 다를 수 있다. 우리는 자신의 동기를 잘 알아야 한다. 어떤 종류의 사역이든, 그것을 시작하기 전에 자신의 동기를 깊이 점검하지 않으면 언젠가 이 문제가 불거져 계속해서 괴롭힐 수 있기 때문이다.

3. 배경이 가장 중요한 것은 아니다

20스킴즈 사역(스코틀랜드의 가장 가난한 지역에 복음을 설교하는 건강한 교회를 재활성화하거나 개척하려는 사역─편집주)에 큰 관심을 보이는 젊은이들이 많다. 그들 대부분은 안정된 가정에서 자랐고 좋은 교육을 받았다. 그들이 거의 항상 가장 먼저 던지는 질문이 있다. "제가 여기서 일하기에는 너무 호사스러운가요?" 좋은 질문이다. 계층 문제가 과장되어 있다는 반대 의견(대개 권력을 지닌 사람들이 반대함)도 있지만, 영국에는 계층을 구분하는 문화적 구분선이 선명하게 그어져 있다. 사람들은 그 구분선을 직접 느끼고 감지하며 자신의 걸음걸이와 어투와 복장을 통해 그것을 드러낸다.

질문하는 젊은이들이 일반적 의미에서 자신을 호사스럽다고 생각하진 않을 것이다. 그들은 자신을 평범한 보통 사람이라고 여긴다. 하지만 그들은 하층/노동자 계층의 사람들이 계층 구분을 할 것을 우려한다. 어쨌든 우리 '도시 빈민층'은 약간이라도 건드리면 폭발할 준비가 되어 있다. 우리에게 있어, '호사스럽다'는 것은 후머스(익힌 이집트콩을 으깨어 참기름으로 조미한 것으로서 빵에 묻혀 먹음—역자주)를 좋아하고, 편부모가 아닌 양친과 함께 살고 있으며, 또한 저녁에는 필시 보드게임을 즐기는 것을 뜻한다. 우리는 테이크아웃 음식과 리얼리티 TV쇼를 좋아한다. 호사스런 사람들은 사교춤과 연극관람을 좋아하며 친구들과 함께 적포도주를 마시는 것을 좋아한다.

그 젊은이들의 질문에 대해 나는 대체로 이렇게 되묻는다. "당신은 사람들이 죄에서 돌이키지 않고 죄 사함을 위해 오직 그리스도께만 믿음을 두지 않으면 지옥으로 갈 것이라고 생각하나요?" 만일 그들이 그렇다고 대답한다면, 그들은 준비를 갖춘 셈이다. 만일 그들이 반발하며 불편한 표정을 보인다면, 이는 그들이 우리의 사역에 적합하지 않음을 보여주는 표시일 것이다. 주택공급계획지역 사역과 관련하여, 우리는 우리의 직접적인 질문에 당신이 명확하게 긍정적인 대답을 하는지를 알길 원한다.

물론 계층이 어떤 면에서는 문제가 된다. 우리 교회의 부목사는 고상한 사극 드라마 보는 것을 고수한다. 그런 취향을 바꾸어보려고 해도 소용 없다. 심지어 그는 멋진 가방을 들고서 니드리 거리를 활보한다. 내가 그와 함께 걸을 때면 경멸의 눈길을 견뎌야 하는 경우가 종종 있다. 하지만 그는 니드리에 변화를 가져오는 진짜 일꾼이다. 나의 삶도 그 때문에 더 풍성하다. 그의 멋들어진 생활방식을 누가 경멸할 수 있겠는가? 진실로 말하건대, 그는 우리 지역에서 많이 알려져 있고 사랑을 받는 일꾼이다. 이는 그가 사람들을 사랑하며 그들의 삶에 대해 허심탄회한 대화를 나누고자 하기 때문이다.

사역 희망자들에게 그 다음에 던지는 질문은 이런 것들이다. 당신은 예수 그리스도를 알며 사랑하나요? 당신은 사람들에게 그들의 죄악된 상태를 알려줄 정도로 그들을 사랑하나요? 당신은 지역 교회를 사랑하나요? 당신은 엉망인 삶들에 기꺼이 장기적으로 관여하길 원하나요? 만일 그렇다면, 다른 것들은 결국 문제가 되지 않는다. 멋진 신사 가방이나 왕실 웨딩 비디오 특별판 박스 세트(서랍 속에 보관되어 있을 것이 틀림없다)를 굳이 내버릴 필요는 없다.

물론 힘든 곳에서의 삶은 거기 익숙하지 않은 이들에게는 다소 충격적일 것이다. 그곳의 사람들의 사고방식에 적응하는 건 힘든 일이다. 하지만 그것이 불가능하진 않다. 유대인 중의 유대인이었던 바울은 이방인들에게 복음을 전하면서 갖가지 문화적인 문제들을 극복해야 했다. 가난한 사람들에게 복음을 전하는 이가 차이티 라떼를 마신다고 해서 무슨 문제가 되겠는가? 사람들이 그리스도를 만나지 못해 죽어가고 있다. 그것이 핵심이다. 결국 가장 중요한 것은 예수님을 사랑하며 사람들을 사랑하는 사람이 되는 것이다. 오랜 시간이 걸리겠지만, 소신을 가지고 인내하며 경청하는 자세로 임할 때 결국 상대방에게 받아들여질 것이다.

4. 당신의 가족이 함께할 필요가 있다

도심지역 사역은 피곤하고, 실망스럽고, 울적하고, 더디고, 반복적이고, 씁쓰레하며, 배은망덕을 경험하는 고역일 수 있다. 당신은 부단한 비방과 험담의 대상이 될 수 있다. 따라서 건강한 복음 사역을 위해 당신의 가정생활이 중요한 요소이다. 내 곁에서 나를 지원하고, 나를 위해 기도하고, 올곧게 나아가도록 나를 독려하며, 나를 사랑하는 아내가 없었다면, 이런 사역을 오래도록 지속할 수 없었을 것이다.

가난한 지역에서의 사역은 내 가족에게 영향을 미친다. 나는 아무 때나 낯선 사람들을 집으로 데려와서 식사와 샤워와 옷을 제공한다. 불과 몇 분 동안 만난 사람을 데려오는 경우도 종종 있다. 내 아내는 그들을 결코 외면하지 않는다. 아내는 손 대접의 은사와 가장 수다스러운 손님도 무한히 인내하는 은사를 하나님으로부터 받았다. 우리는 마약을 갑자기 끊음으로 인한 금단현상에 시달리는 사람들과 함께 밤을 새곤 한다. 성탄절에 낯선 사람들과 함께 점심식사를 할 때도 있다. 가족 휴가 때 손님들과 함께하기도 한다. 이 모든 과정에서, 우리는 서로를 향한 사랑과 우리의 독특한 역할에 깊이 감사하는 마음을 유지해 왔다.

우리 집은 종종 분주하지만, 폭풍우 몰아치는 때의 평온한 오아시스이다. 내 아내는 내가 사역에 쓰는 시간을 우선적으로 양해해 준다. 우리 부부는 저녁에 외출해서 오붓한 시간을 보내기도 하고 가족이 함께 저녁 시간을 즐겁게 보내기도 한다. 우리는 함께 기도한다. 그러나 목회적인 문제로 혼란스러운 일이 생기거나 비상상황이 닥칠 때면, 아내는 자신에게 관심 가져 달라고 불평하지 않으며 나의 압박감을 가중시키지 않는다.

이런 사역은 사역자를 에워싸는 듯한 느낌을 준다. 만일 당신의 삶을 '사역 시간', '여가 시간', '내 시간'으로 딱 구분하길 원한다면, 이런 사역은 당신에게 적합하지 않을 것이다. 우리 사역을 성공적으로 감당하기 위해 당신이 반드시 기혼이어야 하는 건 아니지만, 만일 당신이 기혼이라면 안정되고 행복한 결혼생활을 해야 하고 배우자로부터 엄청난 지원을 받아야 한다. 그렇지 못하다면 빨리 사역을 그만 두라. 내가 그토록 오래 이 사역을 계속할 수 있었던 것은, 하나님이 선하시며 내 아내가 우리 가정을 사역의 폭풍우로부터 지켜주는 피난처로 만들어 주었기 때문이다. 나는 때때로 약간의 유목(流木)을 집에 가지고 옴에도 불구하고 아내는 가정의 평온을 유지해준다.

5. 당신의 교회 지도자들이 함께해야 한다

이따금 사람들이 우리의 사역에 대한 얘기를 듣고서 교회로 찾아온다. 대개 그들은 가난한 사람들을 대상으로 사역하는 데 관심이 있기 때문에(때로는 단지 우리 교회에 합류하고 싶어서) 자신의 회중을 떠나 우리 교회에 합류하려 한다. 그럴 때면 언제나 나는 그들이 떠나온 교회에 대해 물어볼 것이다. 담임 목사님은 누구세요? 그 교회에 장로님들이 계시나요? 당신의 계획에 대해 그분들은 어떤 생각을 가지고 있나요?

그런 질문을 받고서 그들이 당황하는 경우가 종종 있다. 그들의 대체적인 반응은 이러하다. "이 일이 그분들과 무슨 상관이 있나요?

나는 내가 좋아하는 일을 할 수 있어요."라든가 "그분들은 나를 이해하지 못해요. 하나님이 내게 이런 일을 하라고 말씀하셨지만, 그분들은 그것을 이해하지 못하죠."라고 말한다. 그렇게 말하는 것은, 가난한 사람들 가운데 사역하려는 비전을 그들 교회의 장로들보다 내가 더 잘 이해할 거라는 생각에서이다. 하지만 그런 생각은 심각한 잘못이다.

히브리서 기자는, "너희를 인도하는 자들에게 순종하고 복종하라. 그들은 너희 영혼을 위하여 경성하기를 자신들이 청산할 자인 것 같이 하느니라. 그들로 하여금 즐거움으로 이것을 하게 하고 근심으로 하게 하지 말라. 그렇지 않으면 너희에게 유익이 없느니라"라고 상기시킨다. 사람들은 자기가 원하는대로 자신의 소명을 느낄 수 있지만, 영적으로 감독하는 자들을 통해 그러한 소명을 확인받을 필요가 있다.

한 가지는 확실하다. 만일 당신이 당신의 영적 지도자들에게 복종하지 못한다면, 사람들이 당신의 리더십에 복종하길 기대하는 사역에 뛰어들면 안 된다. 만일 당신 교회의 장로들과 지도자들이 지지하지 않는다면, 당신은 자신이 그 사역에 적합하지 않다고 간주하는 편이 안전하다. 만일 당신이 가난한 사람들 가운데서 사역하는 교회 사역을 고려하고 있다면, 당신 교회의 장로나 지도자들에게 그 사실을 말하고 그들의 기도와 조언을 구하라.

6. 당신은 기도할 필요가 있다

내가 상루이스(Sao Luis)에서 사역을 시작했을 때, 길거리 아이들에게 다가가려는 시도를 하는 사람이 아무도 없었다. 나는 함께할 팀을 위해 그리고 그 아이들에게 다가갈 기회를 위해 기도하기 시작했다. 몇 주 안에 나는 오타첼리아(Otacelia)라는 할머니를 만났고, 관심을 갖는 주변의 브라질 사람들을 작은 팀으로 모으기 시작했다. 우리가 무언가를 시작하기 전에, 우리는 매일 만나서 성경을 공부하고 함께 기도하기로 합의했다. 매일 아침과 매일 밤에 길거리로 떠나기 전에 기도 모임을 가졌다. 내가 브라질에 머무는 동안 우리는 계속 그렇게 했다.

처음 니드리커뮤니티교회에 왔을 때, 나는 예배당을 아침 일찍 열고서 회중과 지역 사회를 위해 기도하기 시작했다. 그 지역에 더 친숙해지고 몇몇 지역 주민들의 이름을 알게 되면서, 나는 그들을 위해서도 기도하기 시작했다. 구원받는 사람이 나오면, 나는 그들의 가족을 위해서도 기도했다. 또한 더 많은 팀원들을 위해 기도했다. 그러는 중에 무슨 일이 일어났다. 하나님이 내 기도에 응답하셨다. 칠 년여 전에 시작된 이 기도 시간은 거의 매일 계속되고 있다.

어떤 사역을 시작하기 전과 사역 도중과 사역을 마친 후에 기도는 절대적인 열쇠이다. 결국 우리는 영적인 전투를 수행하고 있다. 바울은 고린도 교인들에게, "이 세상의 신이 믿지 아니하는 자들의 마음을 혼미하게 하여 그리스도의 영광의 복음의 광채가 비치지 못하게 함이니 그리스도는 하나님의 형상이니라"라고 말한다(고후 4:4).

우리의 원수는 쉽게 물러서지 않는다. 그는 복음 사역을 방해하기 위해 가능한 모든 계략을 사용할 것이다. 당신의 가족과 친구와 교회와 이웃을 공격할 것이다. 마귀와 세상과 육신은 이 세상에 있는 우리의 가장 악랄한 원수들이며, 우리가 복음 사역에 앞장설 때 이들은 가장 심하게 대적한다.

에베소 교회를 향한 바울의 지시에서 엿볼 수 있는 영적 전투와 기도 간의 연관성에 주목하라.

"마귀의 간계를 능히 대적하기 위하여 하나님의 전신 갑주를 입으라. 우리의 씨름은 혈과 육을 상대하는 것이 아니요 통치자들과 권세들과 이 어둠의 세상 주관자들과 하늘에 있는 악의 영들을 상대함이라. 그러므로 하나님의 전신 갑주를 취하라. 이는 악한 날에 너희가 능히 대적하고 모든 일을 행한 후에 서기 위함이라. 그런즉 서서 진리로 너희 허리 띠를 띠고 의의 호심경을 붙이고 평안의 복음이 준비한 것으로 신을 신고 모든 것 위에 믿음의 방패를 가지고 이로써 능히 악한 자의 모든 불화살을 소멸하고 구원의 투구와 성령의 검 곧 하나님의 말씀을 가지라. 모든 기도와 간구를 하되 항상 성령 안에서 기도하고 이를 위하여 깨어 구하기를 항상 힘쓰며 여러 성도를 위하여 구하라"(엡 6:11-18).

교회 인근의 주택공급계획지역, 이동주택주차구역, 또는 공영주택단지를 위해 기도하라. 열심히 기도하고 자주 기도하라. 회심을 위해 기도하라. 구하지 않기 때문에 얻지 못하는 경우가 많다. 가난한 사람들 가운데 복음 사역을 하는 것과 관련하여 현재 당신의 생각이 어떠하든, 이 책을 내려놓고서 전능하신 하나님 앞에 무릎 꿇으라. 그것이 바로 당신이 할 수 있는 최선의 일, 가장 중요한 일이다.

7. 당신은 지역 사회를 이해할 필요가 있다

영국에 있는 주택공급계획지역이나 공영주택단지와 같은 도심 지역과 미국 내의 빈민주택단지들에 대한 인식은 대체로 부정적이다. 브롱크스(Bronx)나 이스트 앤드 오브 글래스고(east end of Glasgow)라는 지역명을 들을 때, 우리는 마약 밀매자라든가 총기 범죄를 쉽게 떠올린다. 이러한 부정적인 생각에는 근거가 있다. 끔찍한 범죄, 조기 사망, 마약 범죄, 높은 유아사망률 등으로 세계적으로 유명한 곳들이기 때문이다.

그러나 한 지역 사회에는 그런 것들만 있는 것이 아니다. 어떤 지역에 들어가서 지역 주민들과 함께 살고 일하고 교제하면서 삶을 직접 경험해보면, 당신은 복잡하고 다양한 삶과 문화에 대해 배우기 시작할 것이다. 문제는 가난한 사람들과 함께하는 사역에 대해 생각하며 글을 쓰는 이들 대부분이 교육을 잘 받은 사람들이며 적어도 중산층 이상의 사람이라는 것이다. 이것이 반드시 나쁜 건 아니다. 사역자의 출신이 크게 중요한 건 아니다. 앞에서도 말했듯이 중요한 것은 예수님과 사람들을 사랑하는 것이다. 하지만 이 사랑이 제대로 적용되려면 문화적 이해가 필요하다. 가난한 지역 사회에서 행하는 수많은 구제활동들이 합당한 결실을 맺지 못하는 이유는, 사역자들이 그 지역의 문화와 성향을 제대로 이해하지도 못하고 또한 그 지역을 이해하기 위해 사랑으로 노력하지도 않기 때문이다.

따라서 만일 당신이 인근의 힘든 지역에 다가가려고 생각하는 중이거나 힘든 지역으로 이제 막 이사했다면, 먼저 당신 자신과 다른 사람들에게 물어볼 몇 가지 질문들이 있다(너무 많은 질문을 던지지 않도록 주의하라. 사람들 눈에 당신이 경찰 정보원처럼 보일 수 있다!).

- 이 지역 사회 안의 교회에 대해 당신은 어떤 비전을 갖고 있는가?
- 이 사역에 당신이 가담시킬 필요가 있는 핵심 인물들은 누구인가? 그들은 어떠한 은사를 가지고 있는가?
- 당신은 누구에게 다가가길 원하는가? 어떻게 하면 효과적으로 다가갈 수 있을까?
- 어떤 다른 그룹이(세상 단체이든 기독교 단체이든) 이 지역 사회에서 활동 중인가? 그들은 얼마나 효과적으로 활동하고 있는가?
- 이 지역 사회에 대해 더 많이 알도록 당신을 도와줄 수 있는 사람은 누구인가?
- 이 지역 사회로 '들어가는 법'을 당신에게 알려줄 사람이 있는가?
- 당신이 자연적으로 끌리는 사람은 어떤 부류인가? 그런 사람들

이 지역 사회에 있는가?

- 이 지역 사회에서 사람들이 하고 싶어 하는 일은 무엇인가?
- 당신이 자연스럽게 다가갈 수 없는 사람들을 끌어오기 위해 누구를 채용하여야 할까?
- 지역 사회 내에서 인간관계를 의도적으로 맺으려면 어떻게 해야 할까? 혼자서? 부부 모임으로? 소그룹으로?
- 복음전도와 제자화를 위한 당신의 계획은 무엇인가?

만일 당신이 궁핍한 지역으로 이사할 계획이라면, 그것을 위해 규칙적으로 기도하며 깊이 연구하라. 당신이 아직 이해하지 못하는 것들이 많고, 이 일은 과거에 당신이 했던 그 어떤 일보다 시작하기 전에 많은 시간과 노력과 사랑이 필요함을 인정하라. 그러나 만일 당신이 지역 주민들의 문화를 배우고 이에 기반해서 올바른 방식으로 그들에게 다가가 관계를 형성하면, 서서히 그러나 확실히 지역 사회를 더 잘 이해할 수 있을 것이다. 이것은 장래를 위해 너무나 소중한 일이다.

10장
사역을 준비하라

나(메즈)는 목회를 시작하고 나서 첫 열두 달을 그저 지역 사회를 관찰하고 니드리커뮤니티교회 사람들을 알아가는 데 할애했다. 회중의 강점과 약점이 뚜렷해지면서, 나는 그 교회의 현장 사역에 전혀 새로운 접근법이 필요함을 깨달았다. 우리에게는 몇 가지 문제점들이 있었다.

- 우리는 더 많은 장로들을 필요로 했으며, 장로의 역할이 무엇인지 제대로 이해할 필요가 있었다.
- 복음전도와 관련하여 '설교만 하면 사람들이 올 것'이라는 사고방식이 있었다. 지역 주민들이 거의 오지 않는 것도 놀라운 일이 아니었다.
- 교인들은 교회 사역의 대부분을 목사가 하는 것으로 생각했다.

- 교회의 각 멤버에게 교회의 사명과 목적을 설명해보라고 요청하자 사람들의 대답이 제각각이었다.
- 지역 사회는 대체로 적대적이었고 교회 건물과 그 안에서 예배 드리는 사람들을 '외부인 클럽'으로 여겼다.
- 자신의 은사를 공동체를 위해 활용하지 않는 멤버들이 많았다.

우리는 앞으로 나아갈 필요가 있었다. 하지만 어디서부터 시작할 것인가? 교회 개척자들이, 또는 가난한 지역의 변두리에 있는 교회들이, 또는 가난한 지역 사회로부터 단절되어 있다고 느끼는 교인들이 건강한 교회를 세우기 위한 긍정적, 실천적 단계를 밟으려면 어떻게 해야 하는가?

경건한 리더십을 조직하고 권한을 위임하라

내가 니드리커뮤니티교회에 부임한 지 몇 주 정도 지났을 때, 교회 오븐용 후드를 구입해야 하는데 어떤 모델을 원하느냐며 누군가가 내게 물었다. 나는 그런 데 전혀 관심이 없었다. 나는 목사가 모든 모임에 참석하거나 모든 결정을 내려야 하는 건 아님을 회중에게 가르치기 시작했다. 지나친 간섭은 사람들의 역량을 키우거나 팀을 세우는 데 방해가 된다. 권한을 위임할 필요가 있다. 다음 성경구절들을 생각해보라.

- "열두 제자를 부르사 둘씩 둘씩 보내시며 더러운 귀신을 제어하는 권능을 주시고"(막 6:7).
- "그 후에 주께서 따로 칠십 인을 세우사 친히 가시려는 각 동네와 각 지역으로 둘씩 앞서 보내시며"(눅 10:1).
- "두 사람이 한 사람보다 나음은 그들이 수고함으로 좋은 상을 얻을 것임이라. 혹시 그들이 넘어지면 하나가 그 동무를 붙들어 일으키려니와 홀로 있어 넘어지고 붙들어 일으킬 자가 없는 자에게는 화가 있으리라"(전 4:9-10).

1. 장로들을 세우고 훈련하라

그 교회에는 장로들이 있었지만, 그 중 두 분은 연로했고 장로의 역할이 무엇인지 명확하게 이해하지 못하는 것 같았다. 그런데 우리가 건강하게 성장하려면, 성경의 지침대로 섬기는 강력한 장로직이 필요했다. 따라서 그 이후로 2년에 걸쳐 나는 다음과 같이 했다.

- 처음 열두 달 동안 나는 남자 교인들에 대해 더 잘 알기 위해 그들을 개인적으로 만났다.
- 나는 그들 중 몇몇 사람들에게 주일 모임들과 주중 기도 모임들을 인도할 기회를 주기 시작했다.
- 나는 그들의 영혼 상태나 예수님과의 동행과 관련하여 그들에게 도전을 주었다(그들 중의 다수에게 이것은 새로운 경험이었다).
- 나는 주중 모임들에서 또는 연로한 사람이나 병자를 심방할 때

누가 나서서 이끄는지 또 누가 기도를 인도하는지 관찰했다.

• 나는 다양한 주제들을(교회론, 복음, 리더십, 여성과 사역) 다루는 읽을거리를 그 남자 성도들에게 주고서 건전하고 사려 깊은 토론을 해보도록 독려했다.

• 우리는 한 달에 한두 번 친교 모임을 가졌다. 때로는 둘이서 때로는 여럿이 함께 했다. 나는 그들이 서로 어떻게 교류하는지를 보고 싶었다.

• 나는 이 일을 행해나가는 과정에서 지혜를 주시기를 주님께 기도했다.

2년 후 어느 날, 나는 소규모의 남자 성도들을 선정하여 모임을 소집했다. 그들은 연령 면에서 20대부터 60대까지였고 은사들도 다양했다. 우리는 하루 종일 함께 모여 기도하고 여러 가지 교리적, 신학적 주제들을 놓고 토론했다. 우리는 성경을 함께 공부하고, 어떻게 주님이 우리를 구원하여 이곳으로 이끄셨는지 간증을 나누었다. 그리고 다음 사항들을 토의했다.

• 장로의 역할
• 니드리커뮤니티교회의 현 상태와 미래
• 복음전도
• 제자화
• 교회 정책

• 미래의 지도자를 위한 훈련

　그날의 모임은 그들이 어떻게 교류하는지를, 그리고 더 중요하게
는 서로의 견해가 다를 때 어떻게 성경적이며 성숙한 방식으로 갈
등을 해결하는지를 볼 수 있는 좋은 기회였다. 어떤 이들은 다른 이
들보다 신학적으로 더 강했다. 어떤 이들은 목회적 역량이 더 강했
다. 어떤 이들은 깊이 있는 교리 토론에는 약했지만 겸손히 배우려
는 마음을 지녔다. 모두들 디모데전서 3장과 디도서 1장에 따른 장
로 자격에 부합했다. 그것은 매우 귀한 시간이었고, 회중 투표를 거
쳐 이들 중 대부분이 장로로 임명되었다.

　그 후 장로 모임이 역동적으로 변했다. 우리 모임은 손상된 문이
나 전기요금 같은 문제들에 대한 토의에서 벗어나서 목회적인 문제
로 고심하고, 함께 기도하고, 함께 성경을 공부하는 활동으로 옮겨
갔다. 우리는 교회 리더십과 장로직에 대한 유익한 책들을 읽었다.[1]

　우리 교회 장로들이 2012년에 워싱턴 DC에서 열린 '위크엔더
Weekender'라는 9Marks 컨퍼런스에 참석했을 때 우리에게 가장 큰
전환점이 마련되었다. 우리는 회중의 축복을 받으며 미국으로 건
너가서 워싱턴 DC에 위치한 캐피톨힐침례교회(Capital Hill Baptist

---

1) Two extremely helpful books that helped us think about our role within the
church were Alexander Strauch's *Biblical Eldership* (Colorado Springs: Lewis &
Roth, 2003) and Mark Dever and Paul Alexander's *Deliberate Church* (Wheaton,
IL: Crossway, 2005).

Church)의 실상을 나흘에 걸쳐 살펴보았다. 우리는 각자 다른 세미나에 참석했고, 저녁에는 함께 모여서 우리 교회의 상황에 어떻게 적용할지를 결정했다. 그 경험을 통해 우리는 그리스도 안에서 형제로서 그리고 니드리에 있는 하나님의 백성의 하위목자들로서 더 가까워졌다. 비록 캐피톨힐침례교회와 니드리커뮤니티교회가 지리적으로나 문화적으로 멀리 떨어져 있었지만, 거기서 배운 원칙들은 우리의 지도 방식에 심오한 영향을 미쳤다. 교회는 엄청난 유익을 얻었다.

- 장로로서 우리는 매월이 아니라 매주 모이기 시작했다.
- 한 달에 한 번의 모임은 우리 자신의 개인적인 공부와 지도자로서의 목회적 상호작용을 위해 사용한다. 우리는 오직 서로를 위해 그리고 서로의 가족들을 위해 기도한다.
- 우리는 한 달에 두 차례 멤버들을 위해 기도한다.
- 우리는 멤버십의 필요성뿐 아니라 멤버십의 본질에 대해서도 가르치기 시작했다. 지도자들의 책임은 무엇인가? 멤버들의 책임은 무엇인가?
- 교인 총회를 1년에 한 번에서 분기마다 한 번으로 늘렸다.
- 교회 권징에 대한 정책을 제정하여 여러 차례 실행에 옮겼다.

이제 우리는 함께 성장하며, 함께 배우며, 영적으로 서로에게 책임을 지고, 하나님과 그분의 말씀의 지침 아래서 교회를 앞으로 이

*11*는 장로직을 갖추고 있다.

지도자들을 준비시키는 일에 대해서는 다음 장에서 더 자세히 살펴볼 것이다.

2. 사역 팀을 개발하라

초기에, 우리 교회 멤버들 대부분은 주택공급계획지역 외부에 집과 직장을 가지고 있었다. 얼마 지나지 않아 새 신자들을 제자화하는 일이라든가 신앙에 관심을 보이는 사람들의 문의에 대응하는 일이 급증해서 나 혼자서는 도저히 감당하기 힘들어졌다. 곤핍한 사람들이 갑자기 모습을 드러내고 있었다. 나는 도움이 필요했지만 지역 사회에 거주하는 그리스도인들이나 그 지역의 회심자들 중에는 사역을 감당할 정도로 성숙한 사람들이 없었다.

그래서 나는 **문화적 외부인들**을 모집했다. 그들은 주택공급계획지역 바깥에 거주하는 자들로서 이런 사역에 대해 배우길 원하지만 참여할 기회가 부족했던 젊은 남녀 그리스도인들이었다. 나는 파라처치 단체를 통해 가난한 사람들을 섬기고자 하는 이들에게 니드리 커뮤니티교회에 와서 배우면 더 나을 거라고 설득했다. 물론 나는 지역 교회를 위한 비전—지역 주민들을 단지 유아 돌봄 봉사자나 청소년 사역자로 소모적으로 이용하고 마는 것이 아니라, 그들에게 복음을 전하고 제자화하여 그 지역의 진정한 토착 지도자로 육성한다는 비전—에 기반하여 그들을 설득했다. 또한 나는 새로운 사역 이니셔티브와 관련하여 그들이 자신의 목소리를 낼 수 있음을 다시

한번 확인해 주었다. 달리 말해서, 우리 교회는 장로들이 변화를 두려워하여 새로운 개념을 모조리 금하거나 진전을 더디게 하진 않을 것이었다. 물론 장로들이 모든 것을 감독하였지만, 우리 교회의 장로들은 사역 팀에게 많은 재량권을 위임하고 현장에서의 결정과 관련하여 지나친 간섭을 하지 않아야 함을 인식하고 있었다.

둘째, 나는 **여성 일꾼들**을 모집하여 훈련했다. 스코틀랜드의 가장 가난한 지역들에서는, 거주자들의 52퍼센트가 편부모이며 그들 중 다수는 여성이다. 주택공급계획지역 안에 거주하는 여성들은 오랜 건강 문제와 장애와 폭력으로 고통당하고 있다. 이들은 복잡한 신체적, 심리적, 영적 문제를 지닌 궁핍하고 상처입기 쉬운 여성들이며, 그들 중의 많은 이들이 우리 교회의 회중석에 앉아 있다.

이러한 문제들은 매주의 커피 모임으로 해결되지 않는다. 이 여성들을 도우려면 마음을 다하여 그들과 손잡고 걷는 삶의 헌신이 필요하다. 남자가 많은 시간을 들여 여성의 삶에 대해 상담하는 것은 대체로 지혜롭지도 않고 신중하지도 않다. 주택공급계획지역들에서는 남자가 어떤 형태로든 자상함을 표시하면 성적인 접근으로 오해받을 수 있다. 경청하는 귀를 가진 남자는 상대방 여성에게 성적 욕구를 유발할 수 있다.

물론 여성들은 주변에 경건한 남성과 아버지의 본보기가 필요하다. 그러나 영적으로 성숙하고 견고한 여성들이 교회에서 여성들을 위해 많은 역할을 담당하여야 한다. 구체적으로 교회 안의 많은 여성들이 경제적 지원과, 우애와, 멘토링과, 함께 하는 기도와, 상담과,

돌봄을 필요로 한다. 이러한 일은 긴 안목에서 그들의 삶에 관여할 성숙한 여성들이 담당해야 한다. 따라서 우리는 이런 사역을 담당할 수 있는 여성들을 의도적으로 모집하여 훈련한다.

셋째, 나는 기꺼이 **장기적인 헌신을 하고자 하는 사람들**만 모집했다. 마이크와 나는 힘든 곳에서의 사역이란 우리가 그곳에 뿌리를 내릴 준비가 되어 있을 때에만 효력이 있음을 배웠다. 니드리커뮤니티교회에서 나의 시니어 팀원들은 사역에 10-15년간 헌신한다. 우리의 교회 개척자들 중의 한 사람이 최근에 말하기를, 그가 우리와 함께 일할 것을 고려할 무렵에 과연 자신이 주택공급계획지역에서 죽을 준비가 되어 있는지를 자문했다고 한다. 교회 개척과 재활성화는 단숨에 해치울 수 있는 일이 아니다. 이런 사역은 열매가 천천히 맺힌다.

진짜 열매가 맺히기 시작하는 것을 보기까지 우리에게는 7년의 세월이 필요했다. 그러한 긴 여정 내내 우리는 포기하지 않고 계속 사역해야 했다. 우리는 초기에 많은 모험적 시도를 해보았다. 어떤 시도는 결국 성과를 거두었고 어떤 시도는 성과가 없었다. 그러나 젊은이들은 언제나 비전에 끌린다. 비전은 그들이 예전에 상상할 수 없었던 가능성을 상상하도록 도와준다. 여러 해가 걸렸지만, 마침내 우리는 탄력을 얻었다. 니드리 지역 안에 열 명의 일꾼이 거주하는 것과 서른 명이 거주하는 것의 차이는 엄청나다.

시작하기도 전에 패배하지 말라

많은 교회 개척자들과 조직된 교회의 목사들은 자기 자신 외에는 함께 일할 사람이 거의 없을 때 어떻게 사역을 시작할 것인지 궁금해한다. 많은 사람들이 니드리커뮤니티교회로 와서 말하기를, 우리에겐 팀이 있으니 더 쉬울 것이라고 한다. 그러나 내가 일을 시작할 때 나 외에 다른 풀타임 사역자는 없었다. 당신이 지닌 자원으로 시작하라. 만일 혼자 밑바닥에서 시작하고 있다면, 합류할 사람들을 보내주시길 기도하라. 서두르지 말라. 주의 깊게 팀원들을 고르고, 당신의 비전과 방침을 그들에게 확실히 이해시키라. 만일 당신이 경험 있는 목사라면, 기존의 멤버에게 인턴 사역자로 일할 것을 제안하거나 신학교나 다른 지역 교회들에서 팀원을 모집하라. 우리가 얻지 못하는 것은 천부께 구하지 않았기 때문이다. 분명한 사실은, 우리가 믿음의 걸음을 기꺼이 내딛지 않으면 변화는 일어나지 않는다는 것이다.

한 가지 모델에 집착하지 말라

어떤 이들은 교회 개척과 재활성화를 위한 한 가지 특정한 모델에 열정을 보인다. 마치 어느 때나 그 방식만이 최선인 것처럼 그리한다. 하지만 내 경험으로는 여러 가지 좋은 방법들이 많이 있다.

- 브라질에서 나는 여덟 명의 남녀로 이뤄진 그룹과 함께 시작했다. 우리는 1년 동안 매일 만나서 공부하고, 기도하고, 식사하며, 길거리 사역을 함께 했다. 빈민가 사역을 시작할 때가 되었을 즈음, 우리는 서로를 잘 알게 되었고 그래서 성공적으로 잘 해나갈 수 있었다. 교회가 빠르게 성장했다.

- 니드리에서 나는 한 그룹을 넘겨받았으며, (주로 설교단에서) 그들을 재교육시켜야 했다. 새로운 목회 비전에 동조하는 것 같은 사람들에게 더 많은 시간을 들였다. 교회를 운영하는 방식이 기존과는 많이 달랐지만 천천히 효과적으로 되고 있다.

- 던디에서 20스킴즈는 약 20년 전에 문을 닫은 오래된 교회 건물에서 교회를 개척할 수 있도록 교회 개척자를 배치하여 돕고 있다. 인구 18,000명의 궁핍한 지역에 위치한 그 건물은 지난 10년 동안 청소년 사역과 어린이 사역에 활용되었었다. 그곳에서의 사역은, 사람들을 모으고 비전을 논리 정연하게 형성할 능력을 갖춘 지도자를 필요로 한다.

- 그레이스마운트라 불리는 에든버러 주택공급계획지역에 20스킴즈는 젊은 부부를 배치하여 맨 처음부터 교회를 시작하게 하였다. 그들은 지역의 파라처치 사역을 통해 그곳 주민들과 어느 정도의 접촉점을 가지고 있지만, 그곳에서의 영적 지도자는 기업가적인 은사, 복음전도 능력, 그리고 모멘텀을 얻기 위한 굳건한 팀을 필요로 한다. 이것은 천천히 타오르는 사역이 될 것이다.

- 글래스고에서는 두 쌍의 젊은 부부가 어느 주택공급계획지역으

로 이주했다. 오 년여 동안 청소년 사역자로서 그곳에서 일한 후였다. 그곳에 지역 교회를 개척하려고 하는 그들은 다른 조직화된 교회(established church)의 도움과 안내와 지원과 책임성이 필요할 것이다.

- 마이크의 교회도 유사한 경험을 했다. 그들은 교회를 재활성화했고, 맨 처음부터 교회를 개척했고, 꽤 규모 있는 팀을 파송했으며, 복음전도적인 성경공부를 사용해서 다른 언어 사용자를 위한 교회들을 시작했다.

요점은 교회 개척과 재활성화를 위한 한 가지 완벽한 방법이란 없다는 것이다. 지역마다 상황이 다르며, 다른 기회를 제공한다. 이동주택주차구역에서는 도회지의 저소득층주택단지에서와는 다른 교회 개척 전략이 요구될 수 있으며, 또한 교외 지역에서는 이들 둘의 경우와 매우 다를 수 있다. 당신이 한 가지 모델에만 얽매일 경우에는 좋은 기회를 놓칠 수 있다. 해당 지역 특유의 문화와 필요를 고려하지 않고서 당신이 생각하는 모델을 다른 지역에 그대로 적용하면 문제에 직면할 것이다.

재정적인 비용을 현실적으로 고려하라

두 젊은이가 남아공의 갱단들을 대상으로 사역하려는 비전에 대해 의논하려고 내 사무실을 방문했다. 얼마나 많은 돈을 마련하길 원하는지 내가 물었을 때, 그들의 대답은 너무 순진했다. 그들은 사무실 임대, 차량, 연료, 사역 자금, 주거지, 의료비, 음식 등을 위한 비용을 계산에 넣지 않고서 약간의 돈으로 생활하려는 계획이었다. 그들이 하고자 하는 일을 위해 어느 정도의 비용이 드는지에 대한 정보를 전혀 갖고 있지 않았다. 대부분의 교회와 교회 개척자들이 그처럼 무대책이진 않지만, 많은 이들이 가난한 지역에서 교회를 개척하거나 재활성화하는 일에 필요한 비용들을 제대로 알지 못한다.

서구의 교회 개척 전략은 보통 3-5년 안에 재정적인 독립을 계획한다. 그러한 계획은 가난한 지역에서는 매우 비현실적이다. 가난한 지역에서는 재정적으로 독립하는 데 10년 이상 걸릴 수도 있다. 가난한 지역에서 새로 시작하는 사역은 선교적인 노력과 장기적인 자금조달을 필요로 한다. 재정 문제를 주의 깊게 생각할 때 교회 개척자는 염려와 선입견과 불안에서 보호받을 수 있다.

가난한 지역의 교회에서 자금을 조달하기 어렵다는 사실은, 모든 곳의 교회들이 협력하거나 서로 긴밀한 네트워크를 형성해야 하는 이유들 중의 하나이다. 교회들이 함께함으로써 가난한 지역에 있는 교회들의 사역을 재정적으로나 영적으로 지원할 수 있다. 만일 당신이 가난한 사람들에게 복음 전하는 일을 돕기 원하는 풍족한 교회의 일원이라면, 당신의 회중이 참여할 수 있는 가장 효과적인 방법은 재정적인 지원이다. 또한 우리는 우리 사역의 진가를 알아보는 개인 후원자들을 구할 필요가 있다. 슬프게도, 신속한 결과와 놀라운 회심 스토리와 함께 여러 통계 자료들이 담긴 소식지를 좋아하는 세상에서는 이런 후원자들이 부족하다. 이러한 사실을 염두에 두고서, 우리는 가난한 사람들 가운데서 사역하는 것을 장기적인 선교 노력으로 접근하는 전략을 채택하였다. 우리는 사역을 지속하기 위한 재정적인 지원을 확보할 것을 우리 일꾼들에게 독려한다.

현실적인 목표와 기대를 지녀라

내가 뉴욕의 어느 모임에서 한 교회 개척자의 말을 들었던 기억이 난다. 그는 이르기를, 만일 교회를 개척한 지 3년째 되는 해가 될 때까지 200명의 교인을 얻지 못하면 자신의 소명에 의문을 제기해야 한다고 했다. 또 다른 교회 개척자는 자신이 믿음 안에서 150명의 핵심 팀과 함께 새 지역으로 이주하고 있다고 말했다. 니드리에 있는 우리 교회의 출석 인원이 75명 정도였을 때, 몇몇 미국인 교회 개척자들이 우리의 예배에 참석하려고 방문했던 적이 있다. 점심 식사 시간에 그들 중의 한 명이 말하기를, 우리 교회에 음악을 더 잘하는 사람들이 있어서 분위기를 좀 더 밝게 한다면 우리가 더 성공을 거둘 것으로 생각한다고 했다. 나는 주택공급계획지역에서는 우리가 대형 교회임을 그에게 알려주었다. 생산성과 성공에 대한 시각이 유럽과 미국은 서로 다른 것 같다.

설립예배 때 수백 명이 참석한 교회들에 대한 얘기를 듣기도 한다. 나는 그 참석자들 중의 대부분이 그 지역의 다른 교회들에 소속되었던 사람들일 거라고 생각한다. 가난한 지역의 교회는 많은 그리스도인들을 모으기가 훨씬 더 어렵다. 교회의 성장이 더딘 이유는 새로운 회심자들을 얻어야 하기 때문이다. 분명 하나님은 우리 교회를 부흥시키시고 수천 명의 회심자들을 보내주실 수도 있다. 하지만 주택공급계획지역에서 10년의 사역 후에 20~40명의 신자들을 얻는다고 해도 나는 기뻐할 것이다. 어떤 이들의 눈에는 핵심 그룹 정도로 보일 수 있지만, 그 수효만 해도 큰 성공이다. 솔직히 사람들은 교회를 개척하거나 재활성화하는 이들에게 비현실적인 목표와 기대로 너무 큰 압박을 가한다.

결론

회중 가운데 있는 모든 새 회심자들과 멤버들은 그들의 사회적 신분에 상관없이 지역 교회에 대한 그들의 책임이 무엇인지 배워야 한다. 어떤 이들은 사역 팀의 귀한 멤버가 될 것이다. 어떤 이들은 좋은 집사가 될 것이다. 어떤 이들은 경건한 장로가 될 것이다. 하지만 그들이 사역의 불 속에서 자신을 시험할 기회를 얻을 때 비로소 그들의 은사가 밝히 드러날 것이다. 여성들의 경우도 마찬가지이다. 경건하며 성경적으로 성숙한 많은 여성들이, 그들을 필요로 하는 힘든 곳들이 많음에도 불구하고, 교회에서 아무런 활동도 하지 않고 있다.

핵심은 힘든 곳의 교회들도 다른 모든 곳의 교회들과 마찬가지로 제자화와 사역의 문화를 함양해야 한다는 것이다. 즉 멤버들과 지도자들과 잠재적 지도자들이 서로를 제자화하는 법을 배우며 그런 활동을 그리스도인의 일반적인 모습으로 이해해야 한다. 이런 식으로 그들은 섬기고, 실패하고, 용서하고, 격려하며, 서로에게서 배우는 것을 배운다.

11장
생각을 바꿀 준비를 하라

===

어느 날 한 청년이 교회로 와서 목사와의 면담을 요청한다고 상상해보라. 그는 어릴 때부터 범죄를 저질렀고, 강도죄와 폭행죄로 복역하다가 얼마 전에 출소한 사람이다. 당신이 목사를 찾으러 다니는 동안 그 청년은 초조해하며 교회 건물 밖으로 나가 담배를 피운다. 그는 한동안 씻지 않은 듯이 냄새를 풍기고, 낡은 싸구려 옷을 입고 있다.

이 청년은 최근에 그리스도를 믿는 신앙을 고백했으며, 비록 성경을 읽어본 적은 없지만 예수님에 대해 더 많은 것을 알기 위해 교회에 다니길 원한다. 그는 현재 도심에 있는 노숙자보호소에서 살고 있으며, 마약에 손을 대지만 끊으려고 노력하고 있다고 한다. 그는 매우 공격적이며 많은 질문을 받는 걸 좋아하지 않는다.

이 청년이 돌아갈 때 당신은 무슨 생각을 하겠는가? 그가 다시 오지 않기를 속으로 바라겠는가? 주일에 그가 돌아온다면 누가 그를 상대할까 하고 생각하겠는가? 당신은 그로 하여금 보호소에서 나오고 마약을 끊도록 도울 방법을 생각하겠는가? 당신은 그를 제자로 여기겠는가 아니면 재앙으로 여기겠는가?

내(메즈)가 말하고자 하는 바는 이 사람이 미래의 지도자일 수 있다는 것이다. 가난한 사람들을 대상으로 교회 사역을 하려 한다면, 당신은 지저분하고 공격적이며 성경을 전혀 모르는 이런 사람이 장래의 교회 지도자나 목사일 수 있음을 알 필요가 있다. 그렇다면, 당신의 교회는 이런 청년들을 위한 분명한 제자화 경로를 마련하고 있는가? 아니면 이런 사람들을 너그럽게 보아주다가 그들이 예전의 삶으로 돌아가면 모두들 안도의 숨을 쉬는가?

우리 교회들의 문제

사실, 많은 교회들은 궁핍한 배경을 지닌 회심자들을 위한 제자화 문화를 결여하고 있다. 이런 사람들이 회중의 일원으로는 환영받겠지만, 잠재적 지도자감을 식별하고 훈련할 때에는 대개 간과된다. 이것은 새로운 문제가 아니다. 40년 전에 로잔언약에서도 강조된 문제이다. 그 일부를 인용하면 다음과 같다.

우리는 우리의 일부 선교활동들이, 토착민 지도자들을 교육하고 독려해서 그들이 맡아야 할 정당한 책임을 맡게 하는 데 매우 굼떴음을 인정한다. 이제 우리는 토착 원리에 새롭게 헌신하고자 하며, 군림하지 않고 섬김의 본이 되는 기독교적 리더십 스타일을 드러내는 토착민 지도자들이 모든 교회에서 세워지기를 고대한다. 우리는 신학 교육을 개선시킬 절실한 필요성을 인식한다. 특히 교회 지도자들을 위해 그러하다. 어느 나라, 어느 문화에든지, 목사들과 평신도들을 위해 교리, 제자화, 복음전도, 양육, 봉사 등을 효과적으로 훈련시키는 프로그램이 있어야 한다. 이런 훈련 프로그램은 어떤 정형화된 방법론에 의존할 것이 아니라 창의적인 지역 주도성에 의해 성경적인 기준에 맞게 개발되어야 한다.

로잔언약 작성자들은, 서구의 선교사들이 각 지역의 문화적 특성을 민감하게 고려하는 방식으로 토착민 지도자들을 제대로 육성하는 데 실패함으로써 토착민 교회들을 무기력하게 하는 경향이 있다는 문제를 지적하였다. 마찬가지로, 서구의 교회들이 그 가운데 있는 가난한 사람들 중에서 지도자를 훈련시키는 일에 발빠르게 대응하지 못하고 뒤쳐지기 쉽다. 내 말이 믿기지 않는다면, 교회 사역자를 구하는 기독교 신문 광고들을 보라. 거의 전부가 교육받은 사람들을 구한다는 내용이다. 많은 교회들에서 리더십이란 공식적인 교육을 받고 전문적인 자격을 갖춘 사람들에게만 허용된다.

이미 자리를 차지하고 있는 기성의 지도자들은 오직 그들만이 리더십에 필요한 역량과 지식을 갖추었다고 하는 감각을 투영하기가 너무 쉽다. 우리는 깔끔하고 인상 좋은 사람만이 기독교 리더십에 적합하다고 하는 생각을 자신도 모르게 드러낼 수 있다. 분명 장로는 가르치기를 잘해야 하지만, 공식적인 교육이나 사업 수완이 기독교 리더십의 자격요건인 것은 아니다(딤전 3:1-13을 보라). 사실, 교회의 리더십 모델은 세상의 리더십 모델과는 어느 정도 달라야 한다. 왜냐하면 하나님이 소중히 여기시는 것은 세상이 소중히 여기는 것과 다르기 때문이다(고전 1:26-29). 교회와 기독교 단체의 지도자들은 전문적인 자격요건을 결여한 사람이나 사회적 지위가 높지 않은 사람들을 간과하지 않도록 주의할 필요가 있다.

신선한 접근법

우리가 도시의 힘든 곳들에서 어떻게 사역하고 있는지 다시 돌아보자. 가난한 사람들과 짓밟힌 사람들을 위하는 마음을 갖는 건 좋은 일이지만, 가난한 지역에 있는 사람들에게 단순한 도움의 손길만 내밀고 그리스도의 성숙한 제자가 되기 위해 필요한 도움은 결코 제공하지 않는, 그런 무능하게 만드는 도움에 대해서는 주의할 필요가 있다.

한 가지 예를 들어보자. 최근에 빈곤 지역 사역에 대해 논의하는 자리에서, 나는 구제 사역의 문제점들 중 하나가 가난한 지역의 토착적인 리더십 함양을 돕는 데 실패한 것임을 언급했다. 그때 한 사람이 예외도 있다고 하면서, 자기 교회의 무료급식소가 지역 사회를 변화시켰다고 주장했다. 하지만 구체적인 면을 자세히 들여다보자, 그 무료급식소를 통한 유익의 대부분은 그 교회 교인들이 경험하는 것 같았다. 교회 가장자리를 맴도는 멤버들은 음식을 나눠주는 일을 통해 쉽게 사역에 참여할 수 있었다. 하지만 그 사람이 시인했듯이, 그 사역이 꽤 오래도록 지속된 후에도 새로운 회심자가 없었고 제자화도 진행되지 않았다. 더욱이, 새로 그리스도인이 될 사람들을 위한 계획도 마련되어 있지 않았다.

구제 사역은 더 큰 계획의 일부일 때 귀한 것이다. 구제 사역은 도움을 받는 사람들을 위해 그것으로 끝나서는 안 된다. 그렇다면 무엇을 더 해야 할까? 가난한 사람들을 대상으로 사역하는 교회는 토착적인 지도자들을 훈련하는 일을 그들의 DNA에 주입해야 한다.

오늘의 암담한 현장 상황에서 토착적인 리더십이라는 미래의 이상으로 나아가려면 어떻게 해야 할까? 스코틀랜드의 주택공급계획 지역들에서 우리는 처음에 '문화적 외부인들'의 도움에 의존해야 한다는 사실을 받아들였다. 당장에는 토착적인 리더십을 추구할 동력이 제대로 마련되어 있지 않으며, 우리는 미래의 지도자로서 섬길 수 있는 '내부인들'을 찾아내어 개발하기 위해 이 '외부인들'을 훈련해야 한다. 아마도 한 세대 내에 우리는 이 지역의 회심자들에 의해 주도되는 교회의 모습을 볼 수 있을 것이다.

그 목표를 달성하기 위한 열 가지 방안을 여기서 제시하고자 한다. 이것들은 가난한 지역 사회의 남녀들에게 리더십 훈련을 실시했던 내 경험을 정리한 것이다.

1. 새 회심자들에게 신속히 책임을 맡기라

대개 중산층 지역의 교회들은 새 회심자에게 어떤 리더십 역할을 맡기는 데 신중하며 그들의 역량이 입증되기를 기다린다. 그러나 주택공급계획지역들에서, 우리는 일단 회심자들에게 책임을 부여하고 그들이 그 책임을 감당할 수 없음이 입증되기까지는 계속 맡은 역할을 하게 하는 편이 더 낫다는 사실을 알게 되었다. 달리 말해서, 회심자들에게 빨리 책임을 맡겨서 봉사와 가르치는 일을 하게 하는 것이 좋다. 내 말은 그들을 장로로 만들자는 것이 아니지만, 의자 쌓는 것과 같은 단순한 일만 맡기자는 것도 아니다. 그들을 구비시키는 일은 강의에 국한될 수 없다. 우리는 매일의 사역 안에서 그들과 함께 걸을 필요가 있다. 예수님이 제자들을 훈련하신 방법도 그러했다. 예수님은 그들과 삶을 함께 하셨으며, 그 과정에서 그들을 가르치셨다.

니드리커뮤니티교회에는 최근에 구원받은 젊은 일꾼이 한 명 있다. 그녀는 그 지역 주민으로서 성경을 전혀 모르는 상태로 우리에게 왔다. 그녀가 회심한 지 두 달이 채 못 되어, 우리는 지역의 청년들에게 다가가기 위해 그녀를 파트타임 일꾼으로 고용했다. 오래지 않아 그녀는 다섯 명의 친구들과 함께 성경공부를 시작했다. 그녀는 복음 외에는 아는 게 거의 없었지만, 몇 주 내에 그 친구들 중의 몇 명이 교회에 출석했고 둘은 구원을 받았다. 우리가 6년 걸려서 얻은 성과보다 그녀가 6개월에 이룬 진전이 더 컸다! 우리는 단지 성숙한 그리스도인 여성 한 사람을 그녀의 성경공부 모임에 동석시

킴으로써 필요한 도움을 주고 조언을 하게 했을 뿐이다. 이렇게 자유로운 분위기에서, 그녀는 지역 사회 내에서 다른 사역들도 시작하고 있으며, 동시에 우리의 내부 훈련 프로그램에서 훈련도 받고 있다.

2. 문화적 특성을 민감하게 고려하는 방식으로 소통하라

의사소통은 문화적 상황을 고려해야 하는 것이다. 예를 들어, 주택공급계획지역들에서는 직설적으로 말하는 것을 가치 있게 여기며 이것은 상대를 존중한다는 표시이다. 반면에 중산층 사람들은 상대방의 감정을 상하게 하지 않게 조심스럽게 말하는 것을 중시하는 경향이 있다. 그럼으로써 관계를 배려하고 있음을 상대에게 알리는 것이다. 따라서 주택공급계획지역 사람들은 무례하며 공격적인 모습으로 비칠 수 있고, 중산층 사람들은 애매모호하며 피상적인 모습으로 비칠 수 있다. 우리는 사람들의 동기나 성격에 의문을 표하기 전에 그들이 말하며 행동하는 방식을 주의 깊게 이해해야 한다. 주택공급계획지역의 많은 사람들이 리더십에서 제외되는 이유는 중산층 형제자매들에 비해 세련되지 못하고 무례하며 공격적으로 보일 수 있기 때문이다. 지역의 문화를 이해하면 그런 문제를 파악하는 데 도움이 될 수 있다. 물론 우리는 어떤 문화에서든 죄악된 행동을 용납해선 안 된다. 그러나 내가 우려하는 바는, 문화가 다른 사람들의 소통 방식을 오해하는 까닭에 많은 잠재적 지도자들이 배제되는 것이다.

3. 실패를 기회로 받아들이라

때로 우리는 교만에 사로잡힌 나머지, 우리가 제자화하는 사람이 넘어지거나 옛 생활로 돌아갈 경우에 그것을 우리 자신이나 우리의 사역에 감점요인으로 여긴다. 하지만 솔직히 말해, 실패가 없으면 성장도 없다. 우리는 리더십 역할을 맡기는 것과 관련해서도 실수를 할 것이다.

예수님은 제자들에게 실패의 여지를 허용하셨다. 종종 그들은 시행착오를 통해 배웠다. 따라서 우리는 통제하려는 마음을 늦추고 우리 제자들이 사역을 위해 아직 준비되지 않았다는 사실에 대한 두려움을 떨쳐내야 한다. 그 두려움은 선교지에서는 치명적인 것이다. 그것은 사역을 가두고 제한한다. 주의할 때가 있고 위험을 무릅써야 하는 때가 있다.

4. 가망성이 없어 보이는 지도자들을 찾으라

우리들 중에는 가망성이 없어 보이는 사람을 변화시키는 복음과 성령의 능력에 대한 믿음을 결여한 사람들이 더러 있다. 미가공상태의 다이아몬드 원석 같은 사람, 즉 회중 가운데서 지도자감이 전혀 아닌 것 같은 사람을 다시 보라. 그런 사람들에게도 어느 정도의 시간을 투자하라. 그러면 하나님이 당신을 놀라게 하실 수도 있다. 반면에 우리가 확신할 수 있는 한 가지는, 만일 가난한 지역 사회에서 우리가 존경할 만한 중산층 그리스도인처럼 보이는 지도자들을 줄곧 기다린다면 오랜 시일이 걸릴 거라는 사실이다.

나는 죽어가는 교회를 소생시켜 수천 명의 멤버가 모이는 교회로 만든 사람들의 놀라운 이야기들을 들은 바 있다. 그리고 20대 초반의 나이에 인도에서 수십 개의 교회들을 개척한 교회 개척자들에게 외경심을 느낀다. 그러나 솔직히 나는 시도하다가 실패한 이들에게도 같은 흥미를 느낀다.

나는 몇 년 전에 그런 청년을 만났다. 그가 우리 교회에 왔을 때, 나는 그가 아시아에서 실패한 다국적 교회 개척 팀의 일원임을 알게 되었다. 다국적 교회를 개척하기 위해 10명이 합류했으나, 하나하나 포기하고서 고향으로 돌아갔고, 결국 그 청년만 남았다. 내가 그를 만났을 때, 그는 몹시 지치고 낙심한 상태였다. 그의 이야기를 들은 후에, 나는 거의 즉시로 그를 팀원으로 채용했다.

실패는 겸손을 위한 묘판이다. 많은 젊은 교회 개척자들이 아직 실패를 당해보지 않았기 때문에 혈기를 부리며 교만하다. 나는 그 청년이 그의 팀에서 끝까지 남은 사람이라는 사실에 감명을 받았다. 그것만으로도 그의 인내심은 충분히 증명된 것이었다. 1년 동안 나와 함께 훈련을 받으면서, 그의 신앙이 새로워졌고 그의 확신도 회복되었다. 또한 그는 너무나 소중한 교훈들을 우리 팀에 가르쳐 주었다.

내가 나눈 가장 유익한 대화들 중에는 힘든 곳에서 분투하고 있던(또는 실패하고 있던!) 사람들과 나눈 것들이 더러 있다. 여러 차례 교회를 개척하거나 재활성화하려는 시도를 거듭한 후에야 비로소 지속적인 결실을 보게 된 사람들을 나는 알고 있다. 포기하고 직장으로 돌아간 사람들도 알고 있다. 나는 일부러 그런 사람들을 만나려고 한다. 왜냐하면 그들이 겪은 실수와 그들이 배운 교훈들이 내게 매우 소중하기 때문이다.

팀원을 모집하려 할 때, 박식하며 자신에 찬 신학교 졸업생보다는 실패를 경험한 사람들을 구하라. 그들이 일류 팀원이 될 가능성이 많다.

5. 교차문화적(Cross-Cultural) 사역으로 접근하라

만일 당신이 외부인으로서 가난한 사람들을 대상으로 하는 사역에 뛰어들려 한다면, 그 사역의 교차문화적 성격을 반드시 이해해야 한다. 당신이 같은 나라 출신이며 같은 언어를 사용한다는 이유만으로 누군가와 문화적 가치를 공유한다고 생각하지 말라. 사실, 내 생각에 당신은 궁핍한 지역에서 일하기 전에 교차문화적인 경험을 어느 정도 해보아야 한다. 그 경험을 통해 자신과 자신의 문화적 선호에 대해 자문해보고 자신의 맹점을 알 수 있다. 이 모든 과정을 통해 당신이 자신의 자연적인 한계를 넘어선 일에 도전할 때 성경적인 해결책을 구하게 되길 바란다.

특정한 사람들과 지역들을 바로잡아야 한다고 생각하지 말라. 만일 당신이 사랑과 존중이 아닌 다른 생각을 품고서 가난한 지역 사회에 들어간다면, 시작하기도 전에 실패할 것이다. 그곳의 해악과 어려움은 당신의 고향에서 접하는 어려움과는 다르게 보일 수 있지만, 모든 문화에는 나름대로의 해악과 어려움이 있다. 다만 우리는 다른 사람들의 문제점을 더 뚜렷이 볼 뿐이다. 우리가 할 일은 전체 문화를 고치는 것이 아니라 좋은 소식을 나누며 하나님이 자신에게로 이끄시는 사람들을 제자화하는 일이다. 우리는 자기 자신의 문화만 우월하다는 인식에 빠지지 않도록 주의해야 한다.

또한 우리는 사역 현장의 문화를 열심히 배워야 한다. 사도 바울은 아레오바고에서 설교하기 전에 아덴을 두루 다녔다. 마찬가지로, 우리는 주변의 문화를 진지하게 관찰해야 한다. 무엇이든 이해하고 있다고 생각하지 말고 부단히 물음을 던질 필요가 있다.

- 이 지역의 문화는 어떤 장점과 단점을 가지고 있는가?
- 우리 자신의 문화의 장점과 단점은 무엇인가?
- 양측의 문화를 초월하는 성경적인 원칙들은 무엇인가?

6. 갈등을 기회로 받아들이라

대부분의 사람들은 갈등을 좋아하지 않으며, 그것은 이해가 가는 사실이다. 긴장과 불만과 예리한 말들은 일상의 삶을 힘들게 한다. 하지만 우리가 갈등이 아예 없는 팀을 구성하려고 한다면 문제에 직면한다. 효과적인 팀을 이루기 위해서는 그 안에 다양성이 있어야 한다. 의견과 방법론과 배경이 다양하면, 오해와 의견 불일치가 발생하기 쉬울 것이다. 그러나 평온한 것만 추구해서 예스맨들만 팀원으로 고용해선 안 된다. 궁극적으로는 권위에 복종하는 법을 알되 팀과 사역을 전진시킬 수 있는, 강하고 자유롭게 생각하는 사람이 필요하다.

만일 당신이 죄악된 인생들과 함께 팀을 만든다면, 갈등을 겪기 마련일 것이다. 문화적 내부인들과 외부인들이 뒤섞인 경우에는 특히 그러하다. 매주 사람들이 문제들을 안고서 내 사무실을 찾아온다. 그들은 서로를 오해하고, 다른 사람들의 동기를 오인하며, 자신의 진짜 감정과 의도를 제대로 전달하지 못했다. 이것은 정상적인 일이며 피할 일이 아니다. 우리는 이런 기회를 활용하여 문제를 해결하고 표면 아래 깊숙이 자리잡고 있는 마음의 이슈들을 찾아내야 한다.

팀원들 간의 갈등을 잘 다루면, 모두가 유익을 얻는다. 어려운 문제를 그저 덮고 넘어가는 것이 아니라 문제를 근본적으로 해결하면, 성숙한 그리스도인들은 인내 안에서 성장할 것이고, 초신자들은 건설적이며 경건한 방식으로 이견을 해소하는 법을 배울 것이다. 이러한 성화의 과정은 모두를 복되게 한다.

7. 그 지역에 문화적으로 적합한 신학 훈련 모델을 개발하라

대부분의 교회는 신학 훈련이 신학대학원과 신학교에서 행해지는 것이라고 생각한다. 그런 체계적인 교육 시스템이 많은 유익을 지니고 있지만, 가난한 사람들에게는 대체로 불리하다. 즉 그러한 모델은 가난한 지역에서 사역할 토착민 신자들을 훈련하는 모델로는 그다지 효과적이지 않다. 아마도 그들 중 대부분은 입학허가도 받지 못할 것이고, 설령 합격하더라도 그들 중 상당수는 학비를 감당하길 원하지 않거나 감당할 수 없을 것이다.

그에 대한 대안으로, 우리는 특정 상황에 맞게 재단된 풀뿌리 신학 교육을 지역 교회에서 실시할 필요가 있다. 만일 교회들이 이 책임을 받아들이면, 교리 교육을 실천적, 선교적으로 잘 적용할 수 있게 되며, 나아가 개인의 성품 개발과도 접목시킬 수 있어 유리하다. 우리 교인들에게 도움이 되는 상황화된 신학 교육을 지역 교회가 그 현장에서 활용하고, 운영하고, 평가하는 적절한 방안을 도출해낼 필요가 있다.

8. 다문화 팀들을 설립하라

항상 변하는 서구 사회에서, 여러 지역에 공통되는 공통의 문화적 핵심을 찾는 건 어려운 일이다. 가난한 지역 사회에는 장기적인 '하층민들,' 이웃 주택들을 고급화할 생각을 갖는 중산층 사람들, 노동자 계층, 그리고 성장하는 이민자 커뮤니티 등 온갖 종류의 출신 배경을 가진 사람들이 섞여 있다. 온갖 사람들이 다채롭게 뒤섞여 있다.

이렇게 다양성을 가지는 지역에 다가가기 위해, 우리는 다문화 팀들을 개발해야 한다. 이런 팀들은 비효율적일 수 있지만(위의 6번을 보라), 장기적으로는 더 강하고 더 효과적일 것이다. 다양성을 갖는 팀은 맹점이 더 적고, 경험과 기대와 성격들이 더 다양하다. 그들은 자연히 지역 사회의 더 큰 부분과 연결될 수 있다. 호불호를 떠나서, 사람은 유사한 것에 끌리기 마련이며, 복음의 영광을 위해 협력하는 서로 다른 유형과 성격을 갖는 사람들로 구성된 팀보다 더 강한 것은 없다.

9. 행동에 대한 개인적인 편견에 유의하라

리더십을 세워나갈 때 리더에게 기대하는 행동 기준은 확실히 성경에 의거해서 설정해야 한다. 마약 남용과 부도덕한 삶을 살던 어떤 젊은이가 회심하고서 리더십의 자리로 나아간다고 가정해보자. 우리는 그에게서 현실적으로 어떤 행동을 기대할 수 있을까?

- 그가 운동복을 입고서 교회에 와도 괜찮을까?
- 그가 흡연을 중단할 필요가 있을까?
- 그가 교육받은 사람처럼 말해야 할까?
- 그가 특정한 방식으로 하나님을 찬양할 필요가 있을까?

우리는 성경이 말하는 바와 개인적인 문화적 취향을 분명히 구분할 수 있어야 한다. 흡연이 어리석기는 하지만, 나는 그것이 항상 죄라고 확신하진 않는다. 1940년대 신학교 교수들의 사진을 보라. 거의 모든 교수들이 담배를 들고 있다. 많은 중산층 사람들은 담배에 돈을 허비하는 사람들을 정죄하면서 자신은 매달 100달러를 스타벅스에 지불한다. 우리는 사역 팀을 어떤 법규나 어떤 문화적 이상 위에 세울 것이 아니라 복음 위에 세우려고 힘쓸 필요가 있다. 물론 죄를 지적하고 도전해야 하지만, 우리는 하나님의 성령께서 어떤 사람에게 진정한 죄의 확신을 불러 일으키시길 신뢰해야 한다. 만일 그렇게 하지 않으면, 우리는 남을 판단하는 마음과 불신앙에 빠지며 사랑과 이해심과 인내를 결여하게 될 것이다.

10. 대가를 치를 각오를 해야 한다

가난한 지역의 교회들은 주일 아침에만 존재해선 안 된다. 주택공급계획지역에서 그리스도께 나아가려면 고통이 따른다. 종종 그것은 이슬람교로부터 개종하는 경우와 유사하다. 개종한 사람의 가족과 친구와 사업 파트너들이 처음에는 많은 말을 하지 않으며, 그 사람에 새로 발견한 종교가 단지 일시적 유행이겠거니 하고 생각할 수 있다. 그러나 시일이 지나면서, 개종한 사람과 교회에 대한 반발이 고조된다. 마약 딜러나 매춘부가 그리스도께 나아가면, 생명의 위협을 받을 수도 있다. 포주와 갱단과 마약 동료들은 동조자를 잃는 것을 달가워하지 않는다.

따라서 새 신자들은 단지 매주의 모임에 참석하는 것 이상을 필요로 한다. 그들은 새로운 가족을 필요로 한다. 매일 우리와 함께 시간을 보내고 우리에게 질문하며 또한 우리와 함께 기도할 필요가 있다. 그들은 사탄의 영적 공격에 직면할 것이며, 암담한 순간에 그들 곁을 지켜줄 형제자매들이 필요할 것이다. 깊은 우애를 결여한 제자화는 클럽 멤버십일 뿐이다.

결론

힘든 곳에서 교회를 개척하든 재활성화하든 혹은 목회를 하든, 우리는 회중을 위해 영적 건강과 성장의 본을 보일 수 있는 성경적이며 복음중심적인 장로들을 필요로 한다. 장로가 없거나 장로들을 거역하는 회중은 여러 가지 문제에 봉착한다. 가능한 한 빨리 장로에 의한 통치로 전환하라.

예를 들어, 영국의 힘든 곳에서 교회를 개척하는 이안(Ian)은 지역 교회 설립을 모색하면서 새 신자들로 구성된 소그룹을 인도한다. 그 소그룹에는 성숙한 남자 성도가 없기 때문에, 그는 니드리커뮤니티교회와 동역 관계를 맺고, 자체의 장로를 육성하고 훈련할 수 있을 때까지 우리 장로 팀의 책임성(accountability) 아래에 자발적으로 복종하고 있다. 이것이 그에게 유익한 이유는 (1) 그가 경건하고 경험 많은 형제들로부터 지원과 격려를 받고, (2) 그 성숙하지 않은 소그룹이 그의 인격과 그의 관점에만 좌우되지 않도록 지켜주기 때문이다. 그는 중요한 결정을 내리기 전에 신앙적으로 성숙한 여러 사람들에게서 조언을 얻을 수 있다. 이를 통해 그의 그룹은 그에게 지나치게 의존하지 않아도 되고, 그로서는 그리스도의 부르심에 응하는 사람들을 위한 제자화와 리더십 훈련을 개발하는 방법을 생각할 시간을 번다.

마이크와 나는 우리가 하는 일이 모두 옳다고 생각하진 않는다. 다만 우리는 우리의 실수와 경험이 당신에게 도움이 되기를 바란다. 우리는 종종 실천이 원칙에 미치지 못함을, 그리고 이 세상에서는 현장의 현실이 우리 머릿속의 이상에 결코 부합하지 않음을 인정한다. 이런 내용을 쓰는 것보다는 삶으로 실천하는 것이 더 어렵다. 그러나 당신의 은사와 경험과 기회가 어떤 것이든, 당신 자신이 어떻게 하면 힘든 곳들에서 지역 교회를 통해 복음을 확산시키는 일에 동참할 수 있을지 한 번 기도하면서 심각하게 고려해보기를 우리는 간절히 바란다.

12장
구제 사역을 위해 준비해야 하는가

솔직히 우리는 본장을 쓰고 싶지 않았다. 빈민 사역에 대해 생각하는 복음주의자들과의 대화는 대부분 실천적인 봉사와 자선행위로 시작해서 거기서 끝난다. 교회에서 구제 사역을 실시하여 식료품이나 옷이나 초등학생용 가방 같은 것들을 제공하면, 그들은 가난한 사람들에게 최선의 사역을 하고 있다고 생각한다.

이 책을 쓴 목적의 일부는 구제 사역을 대화의 중심에서 배제하는 데 있다. 우리는 복음과 지역 교회가 대화의 중심 자리를 차지하길 원한다. 왜냐하면 우리는 그리스도를 위해 세상에 다가갈 때 복음과 지역 교회가 그런 중심 자리를 차지하는 것이 성경의 계획이라고 생각하기 때문이다. 따라서 구제 사역을 아예 언급하지 않음으로써 모종의 메시지를 전달하고 싶은 마음이 우리 안에 있다. 그러나 우리는 지역 주민을 실천적으로 돌보는 조직화된 행동이 교회가 궁금한 지역에 다가가고자 할 때 귀한 역할을 할 수 있다고 생각한다. 그래서 우리의 더 큰 목적에서 이탈할 위험을 무릅쓰고서, 당신의 교회에서 무료급식소를 열기 전에 반드시 씨름할 필요가 있는 몇 가지 사항들을 언급하고자 한다.

교회는 사명을 지니고 있다

부활하신 그리스도께서 제자들에게 사명을 주셨다. 그들은 성령의 능력으로 복음을 전하고 새 신자들로 이루어진 교회를 형성해야 했다. 마태복음 28장 19-20절에서 예수님은 만민을 제자로 삼고 순종을 가르치라고 제자들을 보내신다(더 자세한 내용은 3장을 보라). 사도행전 1장 8절에서 예수님은 제자들에게 땅 끝까지 증인이 되라고 말씀하신다. 따라서 교회가 이러한 사명을 수행하기 위해 여러 가지 일들을 많이 할 수 있지만, 그 모든 일의 초점은 복음을 선포하고 사람들이 하나님께 더 잘 순종하게 돕는 데 맞추어져야 한다. 스타벅스는 커피를 팔고, 리스테린은 구강청결제를 만들며, 교회는 복음을 전파하고 사람들을 순종하도록 훈련시키는 사역을 감당한다. 만일 우리가 이러한 일을 하지 않으면 아무도 하지 않을 것이다. 만일 우리가 이것 외에 어떤 다른 일을 하면 우리는 궤도에서 이탈하는 셈이다.[1]

구제 사역은 교회의 사명에 이바지할 수 있다

구제 사역은 교회가 고유의 사명을 실현하는 데 도움이 되는 유용한 방편일 수 있다. 예컨대, 그것은 사람들이 현실적인 방식으로 예수님께 순종할 기회를 제공할 수 있다. 사람들의 마음이 그리스도의 긍휼에 사로잡힐 때, 그들의 경건은 아마 궁핍한 사람들의 신체적, 정서적 어려움을 보살피는 형태로 일부 나타날 것이다. 성경은 힘든 사람들을 보살피는 관대하고 자비로운 그리스도인들에 관한 사례로 가득하다. 그런 의미에서, 음식 제공 사역이나 마약 및 알코올 회복 프로그램은 예수님께 순종하는 그리스도인들로 가득한 교회의 귀한 열매일 수 있다.

또한 구제 행위를 통해 우리를 변화시키는 복음의 능력을 보여줄 수 있다. 이웃을 돕는 모습은 메시지의 진실성을 증거한다. 우리의 구제 행위는 복음이 삶을 변화시키는 힘을 지니고 있다는 우리의 주장을 입증하는 것들 중의 하나이다. 대부분의 사람들이 자신을 돌보기에 급급해하는 무정한 이 세상에서, 그리스도인들은 불가해한 사랑과 이타적인 봉사로 다른 사람들을 놀라게 할 수 있다.

다른 사람들을 구제하고 도울 때, 우리는 하나님이 우리를 육체

---

1) 이런 생각을 철저하게 옹호한 글을 보자면(자유 시장 자본주의의 기쁨과 영광에 관한 건강한 분량의 논증도 포함되어 있다), see Kevin DeYoung and Greg Gilbert's *What Is the Mission of the Church? Making Sense of Social Justice, Shalom, and the Great Commission* (Wheaton, IL: Crossway, 2011). 케빈 드영, 그렉 길버트 공저.《교회의 선교란 무엇인가》(부흥과개혁사 역간)

적 존재로 창조하셨음을 인정한다. 우리 몸의 컨디션은 우리의 삶에 큰 영향을 미친다. 우리가 배고프거나 춥거나 중독되거나 병들거나 위험에 처할 때 삶은 더 힘들어진다. 청중의 삶에 작용하는 물리적인 요소들을 고려하지 않는 복음 선포는 남의 고통에 둔감한 것으로 받아들여질 위험성이 있다. 우리는 모든 사람에게 가장 필요한 것은 그리스도를 믿는 믿음으로 하나님과 화목하게 되는 것이라고 확신하지만, 만일 머리에 상처를 입은 사람을 만난다면, 영적 필요보다는 작은 필요인 육체적 필요 또한 보살펴야 마땅하다. 먼저는 부상당한 머리를 보살피고, 그 다음에 복음을 나누어야 한다.

구제 사역이 복음을 나눌 기회를 제공하는 측면이 있음을 인식하는 것도 중요하다. 우리 모두는 우리에게 친절하고 우리의 삶에 관심을 갖고 우리를 도울 마음을 피력하는 사람들 곁에 있기를 좋아한다. 따라서 다른 사람들에게 현실적인 관심을 보이는 것은 지역 사회로 연결되는 다리를 놓는 쉬운 방법이다. 마이크의 교회의 몇몇 사례들을 보자.

- 가난한 사람들을 대상으로 사역하는 한 교회 개척자는 그들의 집을 방문할 때 몇 개의 음식 봉지를 들고 간다. 이 선물은 그들과의 우애를 돈독히 하여 복음전도의 계기가 된다.
- 교인들은 지역의 초등학교에서 가난한 아이들을 열심히 돕는다. 교회 멤버들은 그 학생들 및 그들의 가족과 친분 관계를 맺고 그

지역에서 새로 개척되고 있는 교회와 연결되도록 초청한다.

• 위기에 처한 십대들을 매주 교회에 초청한다. 그들에게 식사를 제공하고, 안전한 환경에서 친구들과 어울릴 기회를 제공한다. 그리고 롤 모델 역할을 적극적으로 담당할 어른들과 친분을 맺을 기회를 제공한다. 매주 그들은 복음을 그들의 삶에 적용시키는 성경 교육을 받는다.

물론 우리는 이웃이나 친구나 직장동료처럼 자연스럽게 교류하는 사람들에게 그리스도를 계속 전해야 한다. 하지만 궁핍한 사람들에게 구제 행위를 통해 나아갈 때, 우리는 그 방법이 아니면 접촉할 수 없는 사람들과 더불어 관계를 형성할 기회를 얻는다.

구제 사역의 위험성

이 같은 유익에도 불구하고, 많은 교회들이 구제 사역에 접근하는 방식은 매우 염려스럽다. 솔직히, 실천적인 방식으로 가난한 사람들을 돕는 일에 뛰어드는 많은 교회들이 유익보다는 해를 끼치는 결과를 초래한다. 항상 그런 것은 아니지만, 우리는 다음과 같은 몇 가지 부정적인 결과들을 현장에서 여러 번 목격했다.

1. 구제 사역은 쉽게 남용된다. 나(메즈)는 10대 말과 20대 초에 노숙자로 살았다. 나는 내게 아침식사와 깨끗한 옷과 샤워와 음식을

제공하는 곳을 언제나 찾을 수 있었다. 노숙자들은 그 시스템을 어떻게 이용하는지를 알고 있었다. 최소한의 수고로 우리가 원하는 것들을 손에 넣기 위해 무엇을 하며 무엇을 말해야 하는지 잘 알고 있었다. 교회들이 특히 좋은 타깃이었다. 왜냐하면 교회 사람들은 대체로 친절했고 정부 기관들보다 덜 약삭빨랐기 때문이다. 우리는 앉아서 하나님 이야기를 듣기만 하면 되었고 전도지를 받기도 했다. 그런 다음에 계속해서 우리의 길을 가면 그만이었다. 계속되는 질문이 성가실 수도 있었지만, 교회 사람들이 무슨 말을 듣고 싶어 하는지를 일단 알고 나면 우리는 쉽게 대꾸해줄 수 있었다. 그들은 하나님에 대해 뭔가를 말하려 하고 가난한 사람들에게 친절했다. 그리고 우리는 원하는 것을 얻었다. 번성하는 것처럼 보이는 구제 사역이 실제로는 이기적인 사람들의 손쉬운 먹잇감이었다.

2. 구제 사역이 죄를 뒷받침할 수 있다. 이것이 모두에게 해당하는 사실은 아니지만, 우리는 솔직해야 한다. 교회 구제 사역을 이용하는 사람들 중의 상당한 비율이 죄악된 삶을 살고 있다. 게으른 사람을 먹이는 것은 그의 죄를 독려하고 자신의 행동에 따른 결과를 외면하게 한다. 마약 중독자에게 옷을 주면 그 사람은 그 옷을 팔아서 마약을 살 수도 있다. 노숙자에게 쉼터를 제공하면 그가 자신의 가족과 화해할 마음을 잃어버릴 수도 있다.

만일 어떤 사람에게 생선을 주면, 그는 다음 날에 더 많은 것을 기대하며 돌아올 것이다. 뿐만 아니라 구걸에 의존하게 만든 그의 문제점들이 더 악화될 위험이 있다. 달리 말해서, 일하는 사람에게 (혹은 일하고 싶지만 할 수 없는 사람에게) 음식을 주는 것과 죄악에 빠져서 일을 하지 않으면서도 자신이 구걸할 자격이 있다고 생각하는 사람에게 음식을 주는 것은 전혀 다른 문제이다. 후자의 경우에, 당신은 그 사람의 죄를 인정하며 죄를 지을 수 있게 해주어, 결국 부지불식간에 그의 죄를 실질적으로 권장할 현실적인 위험에 처해 있다.

3. 구제 사역은 온정주의적이거나 자신을 섬기는 것일 수 있다. 솔직히, 대부분의 구제 사역은 그 사역에 참여하는 사람들 자신의 기분을 흡족하게 하는 것 이상의 성과를 그리 많이 내지 않는다. 대부분의 교회 구제 사역은 예수님을 사랑하는 중산층 사람들이 주도하며, 종종 그 사역은 경건한 의도와 그릇된 동기가 혼합된 양상을 띤다. 사람들을 실제로 돕기보다는, 그저 겉으로 돕는 것처럼 보이는 일을 하는 데 그치는 구제 사역들이 너무나 많다. 그런 프로그램들은 사람들이 사회계층상 그들 위에 있는 이들의 기부와 도움에 더욱 의존하게 만든다. 지속적이며 긍정적인 결과가 별로 보이지 않지만, 가난한 사람들에게 무관심한 것처럼 보이지 않으려고 아무도 사역을 중단하지 않는다.

캐나다 출신의 빈곤퇴치 활동가인 닉 사울(Nick Saul)은 푸드뱅크들과 관련한 다음의 발언을 통해 전 세계적인 반향을 일으켰다. 그는 "특권을 누리는 사람들이 불우한 사람들을 도움으로써 '우리와 그들'이라는 분리 상황을 영속화하는"[2] 푸드뱅크들의 역할을 비판했다. 사울은 전통적인 푸드뱅크들이 궁핍한 자들에게 진정한 도움을 주지 못한다고 믿는다. 그들이 제공하는 음식은 종종 질이 떨어지는 것들이다. 그리고 푸드뱅크의 프로세스는 도움을 받는 사람들의 존엄성 내지 자존감을 높이거나, 그들에게 일자리를 마련해주거나, 가난에서 벗어나게 하거나, 혹은 그들의 건강과 웰빙을 향상시키는 데 전혀 도움이 되지 않는다. 사람들의 다급한 굶주림이 해소되지만, 그 상태는 오래가지 않는다. 대부분의 푸드뱅크 이니셔티브에 관해 그는 이렇게 인상적인 언급을 했다. "혜택을 입지 못하는 유일한 사람은 푸드뱅크가 도우려고 하는 바로 그 대상자이다. 푸드뱅크를 찾는 대부분의 사람은 그것이 서서히 고통스럽게 영혼을 죽인다고 말한다."[3]

무료급식소를 정기적으로 찾아오는 사람들을 보는 것보다 더 슬픈 모습은 세상에 거의 없다. 그 사람들이 존엄성을 높이는 자급자족적 생활로 나아가지 않는 경우가 너무 많다. 그들은 진정한 도움을 받고 있지 않다. 그들은 스스로 도우라는 도전을 받거나 스스로 도울 수 있게 구비되고 있지 않다. 따라서 우리는 이렇게 물어보아야 한다. 만일 이 구제 사역들이 가난한 사람들의 필요를 진정으로

---

2) Patrick Butler, "Food Banks Are 'a Slow Death of the Soul,'" *the guardian*, September 25, 2013. http://www.theguardian.com/society/2013/sep/25/food-banks-slow-death-soul/.

3) 같은 책

충족시키고 있지 않다면, 누구의 필요를 충족시키고 있는 걸까?

4. 구제 사역이 사명을 지지부진하게 할 수 있다. 아마도 가장 큰 위험은 구제 사역이 교회의 주의를 그 주요 사명에서 딴 데로 돌리게 할 수도 있다는 점이다. 구제 사역은 그리스도인들에게 매력적인 봉사 기회이다. 복음전도를 위한 훈련을 받으러 올 사람보다는 무료급식소에서 일할 자원자가 두 배나 더 많을 것이다. 우리가 가난한 사람들에게 음식을 제공하면 세상 사람들의 찬사를 받을 것이다. 가난한 사람들에게 음식을 제공하면 우리 자신이 뿌듯해진다. 솔직히, 그 일은 도움의 손길을 뻗지 않는 다른 모든 사람들보다 우리가 더 좋은 사람인 것 같은 느낌을 갖게까지 한다. 하지만 복음전도와 제자화는 항상 그런 만족감을 수반하는 건 아니다. 도리어 거부당하거나 어색한 대화로 이어지는 경우가 종종 있다. 단지 물리적인 필요를 채우는 것만으로 만족하고 싶은 진짜 유혹이 존재한다. 하지만 이것은 주객이 전도된 것이다.

가난한 사람들에게 가장 필요한 것은 예수 그리스도의 복음이며 (1장을 보라), 교회는 복음 선포를 위한 수단이다. 만일 우리가 복음을 전하지 않으면 복음전도는 이루어지지 않을 것이다. 따라서 가난한 지역에서 사역하는 모든 교회는 구호 사역으로 인해 곁길로 빠지지 않도록 주의해야 한다.

구제 사역을 잘하는 것은 어려운 일이며 시간 소모가 큰 일이다

앞에서 말했듯이, 우리는 구제 사역에 반대하지 않는다. 다만 구제 사역을 하려면 교회의 본질적인 사명에 일관된 방식으로 해야 한다고 주장할 뿐이다. 그러자면 많은 시간과 노력을 투자할 준비가 되어 있어야 한다.

교회의 구제 사역은 관계와 책임성(accountability)이라는 맥락 안에서 행해져야 한다. 물론 완전무결하게 작동하는 책임성 구조는 없다. 시스템을 이기적으로 이용하는 사람들은 항상 존재할 것이다. 따라서 우리는 사람들이 우리를 이기적으로 이용하지 않을 것을 100퍼센트 확신할 때까지 구제 사역을 시작하지 않고 기다려야 한다고 말하는 것이 아니다. 그러나 교회의 구제 사역은 정부의 구제 사역과 다른 점이 있어야 한다. 교회는 그리스도인과의 관계를 형성하는 구제 사역을 해야 한다.

구체적 모습은 상황에 따라 그리고 때에 따라 다르겠지만, 어쨌든 이것은 그리스도인들이 **시간**을 희생해야 함을 뜻한다. 왜냐하면 관계를 형성하려면 시간을 투자해야 하기 때문이다. 미리 준비된 물품을 기부하는 것만으로 뿌듯한 느낌을 갖는 건 쉬운 일이 아니겠는가? 그러나 우리는 시간도 기부하도록 부르심받았다. 내(마이크) 경우에, 시간 기부란 매주 노숙자들을 저녁 식사와 성경공부를 위해 초청하고 남미 출신 십대들과 함께 축구하는 것을 뜻한다.

주님이 우리의 노력을 축복하셔서 우리로 복음전도의 결실을 보게 하실 때, 우리는 새 회심자들을 제자화하고, 그들이 회중의 삶 속에 충분히 뿌리내리고 그 안에서 사역까지 할 수 있도록 도와야 한다. 만일 우리가 위기 개입 단계 너머의 계획을 세우지 않고서 구제 사역을 시작한다면, 궁핍한 사람들을 위한 제자화의 첫 단계 너머에 결코 도달하지 못할 것이다. 따라서 교회들은 가난한 사람들을 위한 사역의 장기적인 결과까지 멀리 숙고할 필요가 있다. 구제 사역을 통해 믿음으로 나오는 사람들을 위해 어떻게 할 것인지 생각해야 한다. 어떤 제자화 전략을 가지고 있는가? 누가 그들을 돌볼 것인가? 누가 그들을 책임질 것인가? 예수님과 동행하도록 그들을 인도하려면 어떻게 해야 할 것인가? 하나님이 부르신 봉사의 일을 감당하도록 그들을 준비시키려면 어떻게 해야 할까? 예전에 마약 밀매자나 노숙자나 포주였던 사람을 하나님이 풀타임 사역자로 부르고 계신다면, 이를 식별하고 훈련하기 위해 어떻게 해야 할까?

니드리커뮤니티교회에서는, 성령께서 더 넓은 지역 사회로부터 사람들을 불러 믿음의 길로 들어서게 역사하고 계신다. 우리 교회는 복음전도로부터 초기 단계의 제자화로 그리고 나아가 직장이나 직업적 사역 분야에서 하나님께 영광 돌리는 섬김의 삶을 살게 하는 명확한 길을 마련하고 있다. 인턴 사역자 프로그램에 참석하는 이들 중에는 성적 학대를 당하거나 각종 중독에 빠지거나 혹은 정신질환을 앓아 온 사람들도 있다. 그런가 하면 안정된 배경을 지닌 사람들도 있다. 교회에서 신학 훈련을 받는 사람들 중의 3분의 2 이상은 예전에 무언가에 중독되었거나 버림받았거나 정신 질환을 앓았거나 성적 학대를 받은 경험이 있는 사람들이다.[4] 사실, 메즈 자신이 지역 교회의 도움을 많이 받은 사람이다. 그가 길거리 생활을 했을 때 그리고 교도소 생활을 마친 후에, 지역 교회 사람들이 그에게 다가왔고 그를 위해 많은 노력을 기울였다.

이것이 참으로 문제의 핵심이다. 우리는 배고픈 사람들을 먹이는 것으로 만족하는가? 그것은 좋은 일이지만 온전한 기독교적인 사랑에는 미치지 못한다. 우리는 사람들에게 복음을 전하는 것으로 만족하는가? 그것은 음식을 제공하는 것보다 낫지만, 거기서 끝나서도 안 된다. 진정한 기독교적인 사랑은 하나님이 사람들의 삶 속에서 보길 원하시는 동일한 것을 우리도 보길 원하는 것이다. 즉, 그리스도께 전심으로 신실하게 순종하는 것 말이다. 따라서 비용(희생)을 미리 계산하라. 만일 그 모든 결실을 보기 위해 기꺼이 시간을 투자할 마음이 없다면, 구제 사역을 시작하지 않는 편이 최선이다.

결론

다양한 종류의 '힘든 곳'이 있고, 교회는 그곳의 상황을 이해할 필요가 있다. 수세대 동안 사람들이 복지 혜택을 통해 삶을 유지하는 데 익숙해진 스코틀랜드 같은 곳에서는 외부의 재정 지원에 의존하려

---

4) For more on what this looks like practically, visit 20Schemes.com.

는 심리가 강하다. 그런 곳의 교회는 사람들이 다른 사람들을 이기적으로 이용하는 죄짓는 것을 가능하게 해줄 위험이 있다. 교회는 물고기를 나눠주기로 결정할 수도 있지만, 물고기가 아니라 오직 복음의 낚싯대만 나눠주는 반(反)직관적인 일을 하기로 결정할 수도 있다(적어도 프로그램상으로는). 장로들과 멤버들은 개인적으로 그리고 사적으로 물고기를 나눠주겠지만, 언제나 관계의 맥락에서 그리해야 할 것이다. 말하자면, 당신이 예전의 메즈와 같은 십대를 만나서 그에게 점심식사를 제공한다면 그는 식사를 당신과 '함께' 해야 할 것이다!

반면에, 노던 버지니아의 이민자들은 매우 성실한 직업 윤리를 가지고 있다. 다만 고향집에 대한 경제적 원조와 저임금과 들쭉날쭉한 일할 기회 등이 복합적으로 작용하여 종종 극심한 가난 상태에 빠진다. 그런 지역의 교회는(마이크의 교회처럼) 물고기와 낚싯대 둘 다를 나눠줌으로써 그리스도의 사랑을 보여줄 기회를 더 많이 얻을 수 있다. 당신의 교회에서 구제 사역을 행하려 한다면, 구제받는 대상과 관련된 상황을 기도하는 마음으로 충분히 고려하고, 현재 행하고 있는 사역을 부단히 평가하고, 현장의 실상에 맞게 기꺼이 조정하라.

앞에서 말했듯이, 우리는 선뜻 내키지 않는 마음으로 본장을 쓰고 있다. 그러나 우리가 사랑이 결여된 매정한 내용을 쓰고 있다고 생각하진 않는다. 가난한 사람, 노숙자, 정신 질환자, 또는 여러 가지 '위기에 처한' 사람들을 희생적으로 보살피는 이들에 대해 우리

는 몹시 감사한다. 그들은 모든 목회자와 그리스도인들로부터 찬사
와 지원을 받아 마땅하다. 다만 우리는 교회가 현실적인 요구를 만
족시키는 데 집중한 나머지 교회의 은혜로운 사명을 전체적으로 수
행하는 일에서 이탈하는 것을 원하지 않을 뿐이다.

결론
비용… 그리고 상급을 계산하라

=

두 가지 이야기를 소개하고자 한다. 몇 년 전에 아내와 나(마이크)는 위탁 부모가 될 것을 고려하고 있었다. 위험에 처한 지역 사회의 아이들을 만나면서, 우리는 끔찍한 상황에서 살아가는 아이들에게 안전한 곳을 제공해야 한다는 부담감을 갖게 되었다. 우리가 교회를 통해 관계를 맺어 왔던 몇몇 청소년들에게 아기가 생겼고, 그들의 생활여건이 열악하고 부모의 지원도 거의 받지 못하는 형편을 고려하여 우리는 아기와 엄마들의 후생복지를 위해 아동보호서비스 (Child Protective Services) 측과 정기적으로 의논을 하였다. 위탁 부모가 된다는 것은 우리가 선교 현장과 접촉할 수 있는 매우 좋은 방법인 것 같았다. 결국 아동보호서비스 측에서는 열악한 처지에 놓인 한 아이를 그의 가정으로부터 떼어놓을 필요가 있다고 생각하여 그 아이를 우리에게 맡기기로 결정했다. 우리는 이미 이 가정들의 다수와 관계를 맺고 있었고(적어도 상대적으로 더 적은 관계적 단절을 겪고 있었고), 그래서 우리가 한 아이를 데려오면 그 가정의 트라우마가 덜해지고 우리로서는 복음을 전할 좋은 기회를 얻게 된다고 생각했다.

이 생각이 자리를 잡아가기 시작하면서, 카렌과 나는 교회 사람들의 조언을 구했다. 그들의 반응은 우리가 예상했던 바와 같았다. 어떤 이들은 조심스레 격려했고("멋진 일이라고 생각해요") 어떤 이들은 우려를 표했다("정말 당신의 삶에 그렇게 할 수 있는 여유 공간이 있다고 생각하세요?"). 그러나 대체로 사람들은 우리의 결심을 지지했다.

그러나 정말 정곡을 찌르는 반응이 하나 있었다. 그 요지는 "왜 당신의 자녀들을 그토록 미워합니까?"였다. 어떤 사람은 이르기를, 도움의 손길이 필요한 위탁 자녀를 집으로 들일 때 자신의 친자녀들이 느낄 배신당하고 홀대받았다는 느낌을 자신은 견딜 수 없을 거라고 했다. 어떤 사람은 불경건하고 역기능적인 환경에 젖은 아이를 어떻게 우리 가정에 끌어들일 생각을 할 수 있느냐며 우리에게 되물었다. 또 한 사람은 우리가 사역의 제단 위에 우리의 다섯 자녀의 웰빙을 희생제사로 바치려 한다며 염려했다.

나는 본성적으로 반대 입장을 취하는 사람이다. 만일 당신이 내가 어떤 일을 할 수 없거나 해서는 안 된다고 말하고 그 이유를 잔뜩 들이대면, 나는 그 일을 하고 싶은 마음이 1,000퍼센트 더 늘어날 것이다. 하지만 내 아내는 생각이 깊기 때문에 그런 비판을 진지하게 받아들였다. 사실, 위탁 자녀를 들이면 우리 아이들이 충격을 받을 것이 분명했다. 우리의 시간과 돈을 추가적으로 들여야 하는 부담도 따를 것이었다. 위탁 자녀의 품행이 문제를 일으킬 수도 있었다. 낯선 수양 자녀를 우리 가족으로 들여올 때 우리 아이들에게 아무런 희생이 따르지 않을 시나리오를 우리는 생각해 낼 수 없었다.

그러면 우리는 어떤 결정을 내려야 했을까? 한편으로 우리는 아이를 비참한 환경에서 구하고자 하는 비전을 지녔다(물론 이것은 다분히 낭만적인 생각이다). 다른 한편으로는 우리 아이들이 자라서 예수님을 미워하게 되고 결국 우리를 열악한 양로원에서 죽도록 방치함으로써 우리에게 복수할 가능성도 있었다(물론 이것은 지나친 두려움이다).

결국 우리는 위탁 부모가 되기로 했다. 얼마 후에 중앙아메리카 출신의 십대 아이가 우리 집에 배치되었다. 그 아이의 양부는 미국의 인근 주에 사는 몇몇 남자들에게 그 아이를 팔았었다. 아이는 갇혀 있던 방을 가까스로 빠져나와서 우리 교회 근처의 도심에 있는 청소년노숙자보호소에서 지내고 있었다. 그 여자아이는 6개월 동안 우리와 함께 살았고, 그것은 정말 힘든 일이었다. 아이는 영어를 몰랐고 스페인어도 몰랐다. 그 아이는 사랑스런 아이였지만 성질이 있었다. 당시에 우리 아이들은 어렸고, 우리 집에 십대가 있다는 것은 그 체제 하에서 상당히 충격적인 일이었다. 눈물 흘릴 일들도 있었다.

하지만 그것은 정말 좋은 일이기도 했다. 그 아이는 거듭 복음을 들었다. 그리고 우리 가족의 삶에서 그리고 우리 교회에서 복음으로 사는 삶을 보았다. 또한 그 아이는 신체적, 정서적으로 보살핌을 받았다. 아마도 생애 최초였을 것이다. 앞으로도 그녀는 계속해서 물살을 거슬러 헤엄칠 필요가 있을 것이다. 그러나 나는 주님이 우리를 사용하여 그 아이의 인생에서 당신의 목적을 이루셨음을 확신한다. 나는 우리가 그 도구 역할을 했음에 정말 기뻐하면서 그 일을 마쳤다.

또 다른 이야기가 있다. 그 소녀가 우리 집을 떠난 후에, 관공서에서 다시 연락이 왔다. 이번에는 자폐증 있는 11세 남자아이를 맡기려 했다. 그 아이의 가정환경은 불안정했고 아이는 필요한 의료적 보살핌도 받지 못하고 있었다. 안정된 환경에서 제대로 양육을 받으면 그 아이가 더 넓은 사회에서 생활할 수 있는 사람으로 성장할 수 있을 것 같았다. 가정에서 방치되고 학대를 당함으로써 그 아이는 자신 속으로 더 깊이 파고들었다.

이번에도 우리는 조언을 구하기로 결심했다. 우리 교회 장로들과 그분들의 아내들과 아이들과 함께 한 달에 한 번 갖는 점심식사 자리에서, 우리가 생각하고 있는 일을 얘기했다. 그분들은 우리의 가장 가까운 사역 파트너들이었다. 우리는 다른 누구보다도 그분들의 지혜를 더 신뢰했다. 그분들은 만장일치로 조언했다. 우리가 그 제의를 받아들여선 안 된다는 것이었다. 우리의 생활이 이미 여러 가지 면에서 한계점에 거의 도달하고 있음을 그분들은 애정을 담아 지적했다. 교회의 다급한 일들, 우리 아이들에게 꼭 필요한 것들, 그리고 지난번의 위탁 부모 역할로 인한 엄청난 스트레스 등도 지적했다. 그분들이 보기에는 우리의 생각이 지혜롭지 않은 것이 분명했다.

그날 밤에 카렌과 나는 점심 때 나눈 대화를 곰곰이 돌이켜보았다. 관공서에서는 다음날 아침까지 대답을 요구했다. 우리는 기도하면서 거듭 생각해본 결과 위탁을 한 번 더 받아들이기로 결심했다. 그것은 우리가 신뢰하는 사람들의 조언에 반하는 것이지만, 우리는 그리스도를 섬기며 곤경에 처한 사람을 돕기 위해 기꺼이 희생할 필요가 있다고 생각했다. 카렌은 의료적인 경험이 풍부했고, 따라서 의지할 데 없는 그 아이를 도울 적격자가 바로 우리인 것 같았다. 어떻게 우리가 그 아이를 외면할 수 있겠는가? 그 밤에 우리는 다음날 아침에 관공서에 전화해서 다음 주에 아이를 우리 집에 데려올 것을 약속하기로 결정하고서 잠자리에 들었다.

다음날 아침에 잠에서 깼을 때, 맨 먼저 든 생각이 "우리가 무슨 생각을 하고 있지? 우린 이 일을 못해."였다. 이것이 끔찍한 생각이라는 확신이 갑자기 강하게 밀려들었다. 이런 헌신을 실행할 역량이 우리에겐 없었다. 우리 삶의 다른 부분들에 엄청난 손상이 가해질 것이었다. 내가 심경의 변화를 얘기하러 카렌에게로 갔을 때, 내가 말을 꺼내기도 전에 카렌은 "우린 이 일을 할 수 없어요."라고 말했다. 갑자기 모든 게 분명해졌다. 나는 관공서에 전화해서 사양했다.

한 주 후에, 카렌이 넘어져서 척추를 다쳤다. 카렌은 일주일 동안 병원에 있었고, 그 후에도 한 동안 침대에 누워 지냈다. 이 긴급했던 혼란 상황의 어느 시점에, "주님, 지금 우리가 자폐증 아이를 보살피고 있지 않음에 감사합니다."라고 내가 기도했던 기억이 난다. 만일 그 아이가 우리 집으로 왔다면, 그 아이는 카렌이 회복될 때까지 다른 집으로 다시 옮겨지는 상처를 입어야 했을 것이다. 내 생각에 주님이 끔찍한 상황으로부터 우리를(그리고 그 아이를) 구해주셨던 것이 분명하다.

우리가 힘든 곳들에서 곤경에 처한 사람들을 도울 때 어디까지 할지를 어떻게 알 수 있을까? 요구되는 일들이 끝도 없고 극한의 희생이 요청될 때, 봉사 기회를 거부해도 괜찮을 때는 언제일까? 당신의 지역 사회 내의 궁핍한 사람들에게 복음을 전하기 위해 당신은 어떻게 일해야 하는가? 다른 곳에서 기회를 모색해야 하는가? 이런 물음들에 대답하는 것은 쉽지도 않고 명백하지도 않을 수 있다. 그러나 우리가 결정을 내릴 때 도움이 될 수 있는 네 가지 원칙들을 제시하자면 다음과 같다.

원칙 1: 하나님은 당신을 필요로 하지 않으신다

온 우주의 주인이신 참되신 하나님을 열국의 우상들과 구분해주는 것들 중의 하나는 그분의 자기충족성이다. 열국의 우상들은 전적으로 무력하다(시 115:4-7). 그것들은 만든 사람의 손에 의해 옮겨진다(사 46:7). 그러나 타락한 인간에게는 이 같은 신을 선호하는 성향이 있다. 우리는 우리가 통제권을 가지길 좋아한다. 우리는 하나님이 우리를 필요로 하시며, 우리가 요구하면 들어주셔야 하며, 우리 행위로 하나님을 조종할 수 있다고 생각하고 싶어 한다. 하지만 바울은 아덴 사람들에게 전한 메시지에서, 하나님의 성품에 대한 이 같은 오해를 바로잡는다. "우주와 그 가운데 있는 만물을 지으신 하나님께서는 천지의 주재시니 손으로 지은 전에 계시지 아니하시고 또 무엇이 부족한 것처럼 사람의 손으로 섬김을 받으시는 것이 아니니 이는 만민에게 생명과 호흡과 만물을 친히 주시는 이심이라"(행 17:24-25).

바울이 말한 내용은 엄청나게 중요하며, 가난한 사람들을 대상으로 하는 사역을 생각하는 사람에게는 특히 그러하다. 우주의 참되신 하나님은 독립적이시다. 하나님은 당신이나 나의 섬김을 포함한 그 어떤 것도 필요로 하지 않으신다. 따라서 우리는, 하나님이 그분의 목적을 실현하기 위해 우리를 사용하실 수도 있지만, 가난한 사람들에게 복음을 전하는 일이 궁극적으로 우리에게 의존하지 않음을 처음부터 명심할 필요가 있다.

힘든 곳들은 당신이 그들의 구주 역할을 하는 것을 필요로 하지 않는다. 하나님은 그들을 위한 구주를 이미 준비해두셨다. 하나님이 사역지에 그분의 백성을 보내시는 것은 스스로 그 일을 하실 수 없어서가 아니다. 가난한 사람들을 위해 사역할 기회를 우리에게 주심으로써 우리를 축복하시기 위함이다. 우리는 세상에서 하나님이 하시는 일에 참여하는 특권을 가진다.

만일 이 진리를 처음부터 미리 명심하지 않으면, 수고의 결실이 즉시 보이지 않을 때나 당신이 하는 일에 사람들이 감사를 표하지 않을 때 당신은 탈진하거나 비통해하기 쉽다. 만일 사람들을 구원하는 짐을 당신 자신에게 지우면, 당신은 그 짐을 감당할 수 없음을 속히 알게 될 것이다. 만일 하늘의 하나님께서 초조하게 손을 비비시면서 당신이 기운을 내서 일을 성취하길 바라고 계신다고 생각한다면, 실패할 경우에는 절망하고 성공할 경우에는 교만에 빠질 것이다.

원칙 2: 모든 제자도에는 희생이 따른다

예수님은 우리 귀에 감미롭고 사랑스럽게 들리는 말씀들을 하셨다. "네 이웃을 네 자신과 같이 사랑하라" 또는 "남에게 대접을 받고자 하는 대로 너희도 남을 대접하라" 등과 같은 말씀이다. 이런 말씀에 대해서는 대부분의 사람들이 공감한다. 우리는 이런 명령들에 근거하여 가난한 사람들을 대상으로 하는 사역에 임할 수 있으며, 어느 정도는 그런 식으로 잘 해 나갈 수 있다.

하지만 예수님은 참으로 극단적인 말씀도 하셨다. 그 말씀은 예수님을 따른다는 것이 무엇을 뜻하는지를 묘사한 것으로서 많은 사람들을 떠나가게 만들었다. 누가복음에 나오는 세 가지 예들을 보자.

"또 무리에게 이르시되 아무든지 나를 따라오려거든 자기를 부인하고 날마다 제 십자가를 지고 나를 따를 것이니라. 누구든지 제 목숨을 구원하고자 하면 잃을 것이요 누구든지 나를 위하여 제 목숨을 잃으면 구원하리라. 사람이 만일 온 천하를 얻고도 자기를 잃든지 빼앗기든지 하면 무엇이 유익하리요"(눅 9:23-25).

"길 가실 때에 어떤 사람이 여짜오되 어디로 가시든지 나는 따르리이다. 예수께서 이르시되 여우도 굴이 있고 공중의 새도 집이 있으되 인자는 머리 둘 곳이 없도다 하시고 또 다른 사람에게 나를 따르라 하시니 그가 이르되 나로 먼저 가서 내 아버지를 장사하게 허락하옵소서. 이르시되 죽은 자들로 자기의 죽은 자들을 장사하게 하고 너는 가서 하나님의 나라를 전파하라 하시고 또 다른 사람이 이르되 주여 내가 주를 따르겠나이다마는 나로 먼저 내 가족을 작별하게 허락하소서. 예수께서 이르시되 손에 쟁기를 잡고 뒤를 돌아보는 자는 하나님의 나라에 합당하지 아니하니라 하시니라"(눅 9:57-62).

"수많은 무리가 함께 갈새 예수께서 돌이키사 이르시되 무릇 내게 오는 자가 자기 부모와 처자와 형제와 자매와 더욱이 자기 목숨까지 미워하지 아니하면 능히 내 제자가 되지 못하고 누구든지 자기 십자가를 지고 나를 따르지 않는 자도 능히 내 제자가 되지 못하리라"(눅 14:25-27).

우리는 이 구절들에 대해 여러 가지를 말 할 수 있겠지만, 여기서는 예수님이 염두에 두고 계신 큰 그림에 주목할 필요가 있다. 그것은 그분의 제자가 되려면 희생을 감수해야 한다는 것이다. 만일 당신이 그리스도를 따르고자 한다면, 그것은 어떤 희생이 따르더라도 그분을 섬기기로 다짐함을 뜻한다. 만일 예수님이 주님이시라면 지금 이 순간 그분이 우리의 모든 계획과 결정을 통제하고 계셔야 한다. 이는 가난한 사람들을 대상으로 하는 사역이 희생을 요하거나 두려운 것이라고 하더라도 단지 그것 때문에 우리가 거부해선 안 됨을 뜻한다. 예수님을 따른다는 것은 우리의 생명마저 잃을 수 있음을 의미하며, 그럴 각오가 없는 사람은 그분의 제자가 되기에 합당하지 않다.

위험한 지역에서 복음을 전했던 수많은 선교사들이 이 진리를 이해하고 있었다. 선교 현장에서 목숨을 잃은 배우자와 자녀를 땅에 묻을 때, 이 진리가 그들을 떠받쳐주었다. 자신의 목숨마저 포기할 때, 이 진리가 그들에게 위안이 되었다. 우리는 이 진리에 직면한다. 특히 궁핍한 사람들을 대상으로 하는 사역이 우리 가족에게 미칠 영향을 생각할 때 그러하다. 우리 삶의 어떤 부분도 예수님의 주권에서 제외되지 않는다. 궁극적 의미에서 아무것도 '우리 것'이 아니다. 만일 당신이 무엇을 잃어버릴 것을 두려워하지 않는다면, 당신의 삶과 그리스도를 향한 당신의 순종이 어떻게 변화되겠는가?

어떤 사람은 내게 이렇게 반대할 수도 있다. "하지만 부모로서 내가 가장 우선적으로 할 일은 내 자녀에게 복음을 전하며 그들을 제자화하는 일이오! 당신은 내 시간과 에너지를 그 일에 써서는 안 된다고 말하는 것 같군요." 물론 부모는 자신의 자녀에게 복음을 전하고 제자화해야 한다. 하지만 부모가 자녀에게 복음을 전하는 가장 효과적인 방법은, 예수님이 자신의 가장 큰 보화가 되심을 자녀에게 보여주는 것이 아닐까? 좋은 부모가 할 일 중의 하나는, 비록 너무나 사랑스런 아이지만 그가 이 세상에서 가장 귀한 존재는 아님을 자녀에게 보여주는 일이다. 가장 귀한 분은 예수님이시다. 우리 자녀들 앞에서 희생의 삶을 살아감으로써, 우리는 기독교적 제자도의 실상을 그들에게 보여준다. 만일 자녀들에게 어떤 희생이 따를 것을 두려워하여 희생을 거부하고 힘든 상황을 받아들이지도 않는다면, 우리가 입으로는 무슨 말을 하든지 우리의 최우선순위가 예수님이 아니라 그들임을 자녀들에게 보여주는 셈이다.

물론 여기서 지혜가 요구된다. 나는 아내와 자녀를 위한 시간을 전혀 할애하지 말라고 말하는 것이 아니다. 사역을 위해 가족을 무작정 희생시켜야 한다는 말이 아니다. 얼마나 많은 기독교 지도자의 아내와 자녀들이 그들보다는 사역을 더 신경쓰는 것 같은 남편과 아버지 때문에 신앙에 쓰라린 감정을 품게 되었는가.

또한 나는 희생 자체가 목적이라고 말하는 것도 아니다. 가장 희생적인 일을 찾아서 하는 것이 목표가 아니다. 우리 모두가 평양 거리에서 설교하기 위해 가족을 데리고 가야 하는 건 아니다. 위험이나 고통이나 희생 그 자체를 위해 이런 것을 감수하는 것은 별 가치가 없다.

하지만 우리 중의 대부분에게 있어, 그런 것이 유혹거리가 되지는 않는다. 목사로서 나는 너무 많은 교회 멤버가 지나치게 희생하는 것 때문에 고민하진 않는다. 도리어 우리 중의 다수는 자녀를 우상으로 삼으려 하고 자녀의 안위와 요구를 예수님보다 위에 두려는 유혹을 받는다.

명확히 말하자면, 나는 가족과 사역 간의 '균형'을 당부하는 것이 아니다. 나는 당신에게 온전히 사역에 몰두하고, 또한 온전히 가족에 몰두하기를 요청한다. 그리고 당신의 아내와 자녀들이 그러한 삶을 당신과 함께 경험하게 하라. 그러기 위해서는 그들도 때에 따라서는 그들이 누릴 자격이 있다고 세상이 말하는 것들 중 일부를 포기하고 희생해야 할 것이다.

원칙 3: 모든 희생이 전략적인 것은 아니다

앞에서 말했듯이, 주어진 상황에서 우리가 어떻게 해야 하는지를 알기가 힘들 수 있다. 극단적인 제자도에 대한 예수님의 묘사를 받아들여 그 말씀에 극단적인 방식으로 순종하고자 하는 유혹에 우리가 직면할 수도 있다(솔직히, 우리 회중 가운데 이런 유혹을 받는 사람이 있기를 나는 바란다). 때로는 그것이 좋은 생각일 수 있고 그러한 충동 속에 좋은 동기들이 많이 담겨 있을 수도 있지만, 때로는 복음 전파를 위해 자신의 삶을 가장 잘 투자하는 방법에 대한 오해에서 비롯될 수도 있다.

교회의 두 멤버들을 예로 들어보자.

- 찰스(Charles)는 과학기술 전문가이다. 그는 소프트웨어 개발로 많은 돈을 벌지만, 사회생활에는 상당히 서투르다. 그는 친절하지만, 긴장하면 수줍어하고 말실수를 하는 경향이 있다.
- 린다(Linda)는 식료품가게 점원이다. 그녀는 자신과 두 자녀의 생

계를 근근이 꾸려나가지만, 복음 전하는 일을 매우 잘한다. 그녀는 불신자들과 관계를 잘 맺고 대화의 초점을 그리스도께로 돌리는 솜씨가 있다. 그녀는 궁핍한 사람들에게 호감을 주는 경향이 있다.

어느 주일에 교회에서 찰스와 린다가 제자도의 대가에 대한 위대한 설교를 듣는다고 가정하자. 그들 둘 다 가난하고 궁핍한 사람들에게 복음 전하는 일에 자신의 삶을 더 많이 투자할 것을 주님이 요구하신다고 확신한다. 그래서 찰스는 직업을 그만두고 가난한 인근 지역의 학교에서 가르치는 일을 시작하기로 결심한다. 그 지역은 그의 교회가 복음을 전하려고 노력하는 곳이다. 린다는 가난한 사람들에게 경제적인 도움을 주기 위해 가게에서 일하는 시간을 두 배로 늘리기로 결심한다.

이 그림에서 잘못된 것이 무엇인가? 두 그리스도인들 모두가 철저한 제자도를 향한 요청에 순종으로 반응했다. 하지만 찰스나 린다가 지혜롭게 행동하고 있는지는 불분명하다. 그들은 희생하고 있지만 그 희생이 반드시 전략적인 것은 아니다. 그들은 주께서 자신을 어떤 존재로 만드셨는지, 자신에게 무슨 은사를 주셨는지, 그리고 가난한 사람들에게 복음을 전하려는 목적을 위해 자신의 은사를 어떻게 사용하는 것이 가장 효과적인지를 고려하고 있지 않다.

찰스는 돈 버는 일에 정말 유능하다. 따라서 더 나은 복음전도자가 되려고도 노력해야 하겠지만, 그는 복음 전파를 재정적으로 지원하며 가난한 사람들을 돕기 위해 자신의 은사를 활용하는 것이 최선일 수 있다. 반면에 린다는 사람들과의 관계를 정말 잘 맺는다. 따라서 복음을 위해 더 많은 돈을 헌금할 수 있는 방안에 대해서도 생각해야 하겠지만, 그녀가 돈을 더 많이 벌려고 더 오래도록 일하는 건 자신의 시간을 가장 잘 드리는 것이 아니다. 그보다는 그 지역의 궁핍한 사람들을 만나는 데 시간을 더 많이 할애하는 것이 더 나을 것이다.

이 지점에서 지역 교회의 개입이 중요하다. 교회 안에는 다양한 은사와 능력과 임무와 자원들이 존재한다. 교회는 함께 일해나가면서, 복음으로 지역 사회에 다가가기 위해 어떻게 모든 사람이 더 큰 그림 속에서 자신에게 맞는 적합한 역할을 담당할지, 그리고 하나님으로부터 받은 각자의 은사를 어떻게 희생적으로 활용할 수 있을지에 대해 가늠해볼 수 있다.

원칙 4: 희생과 섬김은 최종적인 기쁨에 이르는 길이다

어떤 사람이 주식에 돈을 투자할 때 무슨 일이 일어나는지를 생각해보라. 그는 자신이 지닌 자금을(예, 1,000달러) 준비한다. 그리고는 단기적으로 즐길 수 있는 모든 것을(예, 타코, 최신 비디오게임, 또는 근사한 옷) 포기하고서, 장래에 더 큰 자원을(예, 10년 내에 1,500달러) 얻기 위해 그 돈을 투자한다.

마찬가지로. 그리스도인은 이 땅에서의 삶을 투자하도록 요청받는다. 우리는 우리의 자원들을(시간, 재능, 돈) 현재의 안락과 즐거움을 위해 사용할 수도 있고, 예수님을 위해 투자할 수도 있다. 500달러를 늘리는 것은 10년 동안 기다릴 만한 가치가 없는 일일 수도 있다. 하지만 스스로에게 물어보라. 그리스도의 일은 당신이 지닌 모든 것을 투자할 만한 가치가 있다고 생각하는가? 그 투자에 대해 그리스도께서 충분한 보상을 해주실까? 이 물음에 대답하려면, 마태복음 19장에 나오는 대화 내용을 보라.

"이에 베드로가 대답하여 이르되 보소서 우리가 모든 것을 버리고 주를 따랐사온대 그런즉 우리가 무엇을 얻으리이까. 예수께서 이르시되 내가 진실로 너희에게 이르노니 세상이 새롭게 되어 인자가 자기 영광의 보좌에 앉을 때에 나를 따르는 너희도 열두 보좌에 앉아 이스라엘 열두 지파를 심판하리라. 또 내 이름을 위하여 집이나 형제나 자매나 부모나 자식이나 전토를 버린 자마다 여러 배를 받고 또 영생을 상속하리라"(마 19:27-29).

베드로는 모든 것을 버리고 예수님을 따랐다. 그래서 그 대가로 무엇을 얻을 수 있을지 알고 싶어 했다. 예수님은 베드로의 투자가 지혜로웠음을 확언하신다. 주님을 따르기 위해 자신의 소유와 부동산과 가족을 희생한 사람은 엄청나고 영원한 축복을 투자 수익으로 돌려받을 것이다.

만일 당신이 시간을 거슬러 올라가서 애플이나 구글 같은 회사의 주식을 살 수 있다면, 그 기회를 절대로 놓치지 않으려고 할 것이다. 그것은 수익이 보장된 주식이다. 그런 주식에 투자하기 위해 가진 자산을 최대한 동원하지 않는다면 멍청이일 것이다. 마찬가지로, 우리는 예수님의 이름을 위해 우리가 지닌 모든 것을 투자해야 한다. 놀라운 투자 수익이 보장된다!

결론

이제 앞에서 물었던 질문으로 돌아가보자. 기회와 필요에 제한이 없다면, 우리가 무엇을 해야 하며 무엇을 해선 안 되는지 어떻게 알 수 있을까? 이 물음에 대한 대답은 쉽지 않다. 우리는 자신의 마음을 점검해야 하며, 자신이 어떤 상황에서 두려워하기 쉬운지 또는 이기적이거나 무관심하기 쉬운지를 알아야 한다. 또한 우리는 교만을 경계해야 하고, 봉사활동을 통해 자신의 구원을 얻어내려는 마음을 경계해야 한다. 또한 우리는 지역 교회라는 더 넓은 사역 안에서 자신이 어떤 역할을 담당할 것인지 고려하는 것이 지혜로울 것이다. 결국, 문제는 제자도에 희생이 따를 것인지의(당연히 따를 것이다) 여부가 아니라, 그리스도의 왕국을 위해 우리의 삶을 어떻게 가장 잘 투자할 수 있는가 하는 것이다. 그 보상은 우리의 삶 전체를 투자할 만한 가치가 있다고 생각하지 않는가? 힘든 곳들에서 우리가 추구하는 하나님 나라는 무한한 가치를 지닌 진주, 모든 것을 팔아서 살 만한 가치를 지닌 진주가 아닌가?

개혁된 실천 시리즈 ──────────

1. 조엘 비키의 교회에서의 가정
설교 듣기와 기도 모임의 개혁된 실천
조엘 비키 지음 | 유정희 옮김

이 책은 가정생활의 두 가지 중요한 영역에 대한 실제적 지침을 포함하고 있다. 첫째, 공예배를 위해 가족들을 어떻게 준비시켜야 하는지, 설교 말씀을 어떻게 받아야 하는지, 그 말씀을 어떻게 실천해야 하는지 설명한다. 둘째, 기도 모임이 교회의 부흥과 얼마나 관련이 깊은지 역사적으로 고찰하면서, 기도 모임의 성경적 근거를 제시하고, 그 목적을 설명하며, 나아가 바람직한 실행 방법을 설명한다.

2. 존 오웬의 그리스도인의 교제 의무
그리스도인의 교제의 개혁된 실천
존 오웬 지음 | 김태곤 옮김

이 책은 그리스도인 상호 간의 교제에 대해 청교도 신학자이자 목회자였던 존 오웬이 저술한 매우 실천적인 책으로서, 이 책에서 우리는 청교도들이 그리스도인의 교제를 얼마나 중시했는지 엿볼 수 있다. 이 책은 그리스도인의 교제에 대한 핵심 원칙들을 담고 있다. 교회 안의 그룹 성경공부에 적합하도록 각 장 뒤에는 토의할 문제들이 부가되어 있다.

3. 개혁교회의 가정 심방
가정 심방의 개혁된 실천
피터 데용 지음 | 조계광 옮김

목양은 각 멤버의 영적 상태를 개별적으로 확인하고 권면하고 돌보는 일을 포함한다. 이를 위해 교회는 역사적으로 가정 심방을 실시하였다. 이 책은 외국 개혁교회에서 꽃피웠던 가정 심방의 실제 모습을 보여주며, 한국 교회 안에서 행해지는 가정 심방의 개선점을 시사

해준다.

4. 네덜란드 개혁교회의 자녀양육
자녀양육의 개혁된 실천
야코부스 꿀만 지음 | 유정희 옮김

이 책에서 우리는 17세기 네덜란드 개혁교회 배경에서 나온 자녀양육법을 살펴볼 수 있다. 경건한 17세기 목사인 야코부스 꿀만은 자녀양육과 관련된 당시의 지혜를 한데 모아서 구체적인 282개 지침으로 꾸며 놓았다. 부모들이 이 지침들을 읽고 실천하면 큰 도움을 받을 수 있게 하였다. 의도는 선하더라도 방법을 모르면 결과를 낼 수 없다. 우리 그리스도인 부모들은 구체적인 자녀양육 방법을 배우고 실천해야 한다.

5. 신규 목회자 핸드북
제이슨 헬로포울로스 지음 | 리곤 던컨 서문 | 김태곤 옮김

이 책은 새로 목회자가 된 사람을 향한 주옥같은 48가지 조언을 담고 있다. 리곤 던컨, 케빈 드영, 앨버트 몰러, 알리스테어 베그, 팀 챌리스 등이 이 책에 대해 극찬하였다. 이 책은 읽기 쉽고 매우 실천적이며 유익하다.

6. 신약 시대 신자가 왜 금식을 해야 하는가
금식의 개혁된 실천
대니얼 R. 하이드 지음 | 김태곤 옮김

금식은 과거 구약 시대에 국한된, 우리와 상관없는 실천사항인가? 신약 시대 신자가 정기적인 금식을 의무적으로 행해야 하는가? 자유롭게 금식할 수 있는가? 금식의 목적은 무엇인가? 이 책은 이런 여러 질문에 답하면서, 이 복된 실천사항을 성경대로 회복할 것을 촉구한다.

7. 개혁교회 공예배
공예배의 개혁된 실천
대니얼 R. 하이드 지음 | 이선숙 옮김

많은 신자들이 평생 수백 번, 수천 번의 공예배를 드리지만 정작 예배에 대해서 제대로 이해하지 못하는 경우가 많다. 당신은 예배가 왜 지금과 같은 구조와 순서로 되어 있는지 이해하고 예배하는가? 신앙고백은 왜 하는지, 목회자가 왜 대표로 기도하는지, 말씀은 왜 읽는지, 축도는 왜 하는지 이해하고 참여하는가? 이 책은 분량은 많지 않지만 공예배의 핵심 사항들에 대하여 알기 쉽게 알려준다.

8. 아이들이 공예배에 참석해야 하는가
아이들의 예배 참석의 개혁된 실천
대니얼 R. 하이드 지음 | 유정희 옮김

아이들만의 예배가 성경적인가? 아니면 아이들도 어른들의 공예배에 참석해야 하는가? 성경은 이에 대해 무엇을 말하는가? 아이들의 공예배 참석은 어떤 유익이 있으며 실천적인 면에서 주의할 점은 무엇인가? 이 책은 아이들의 공예배 참석 문제에 대해 성경을 토대로 돌아보게 한다.

9. 마음을 위한 하나님의 전투 계획
청교도가 실천한 성경적 묵상
데이비드 색스톤 지음 | 조엘 비키 서문 | 조계광 옮김

묵상하지 않으면 경건한 삶을 살 수 없다. 우리 시대에 일어나고 있는 일이 바로 이것이다. 오늘날은 명상에 대한 반감으로 묵상조차 거부한다. 그러면 무엇이 잘못된 명상이고 무엇이 성경적 묵상인가? 저자는 방대한 청교도 문헌을 조사하여 청교도들이 실천한 묵상을 정리하여 제시하면서, 성경적 묵상이란 무엇이고, 왜 묵상을 해야 하며, 어떻게 구체적으로 묵상을 실천하는지 알려준다. 우리는 다시금 이 필수적인 실천사항으로 돌아가야 한다.

10. 장로와 그의 사역
장로 직분의 개혁된 실천
데이비드 딕슨 지음 | 김태곤 옮김

장로는 무슨 일을 하는 사람인가? 스코틀랜드 개혁교회 장로에게서 장로의 일에 대한 조언을 듣자. 이 책은 장로의 사역에 대한 지침서인 동시에 남을 섬기는 삶의 모델을 보여주는 책이다. 이 책 안에는 비단 장로뿐만 아니라 모든 그리스도인이 본받아야 할, 섬기는 삶의 아름다운 모델이 담겨 있다. 이 책은 따뜻하고 영감을 주는 책이다.

11. 북미 개혁교단의 교회개척 매뉴얼
URCNA 교단의 공식 문서를 통해 배우는 교회개척 원리와 실천

이 책은 북미연합개혁교회(URCNA)라는 개혁교단의 교회개척 매뉴얼로서, 교회개척의 첫 걸음부터 그 마지막 단계까지 성경의 원리에 입각한 교회개척 방법을 가르쳐준다. 모든 신자는 함께 교회를 개척하여 그리스도의 나라를 확장해야 한다.

12. 예배의 날
제4계명의 개혁된 실천
라이언 맥그로우 지음 | 조계광 옮김

제4계명은 십계명 중 하나로서 삶의 골간을 이루는 중요한 계명이다. 하나님의 뜻을 따르는 우리는 이를 모호하게 이해하고, 모호하게 실천하면 안 되며, 제대로 이해하고, 제대로 실천해야 한다. 이를 위해 우리는 이 계명의 참뜻을 신중하게 연구해야 한다. 이 책은 가장 분명한 논증을 통해 제4계명의 의미를 해석하고 밝혀준다. 하나님은 그날을 왜 제정하셨나? 그날은 얼마나 복된 날이며 무엇을 하면서 하나님의 복을 받는 날인가? 교회사에서 이 계명은 어떻게 이해되었고 어떤 학설이 있고 어느 관점이 성경적인가? 오늘날 우리는 이 계명을 어떻게 지킬 것인가?

13. 9Marks 마크 데버, 그렉 길버트의 설교
설교의 개혁된 실천

마크 데버, 그렉 길버트 지음 | 이대은 옮김

1부에서는 설교에 대한 신학을, 2부에서는 설교에 대한 실천을 담고 있고, 3부는 설교 원고의 예를 담고 있다. 이 책은 신학적으로 탄탄한 배경 위에서 설교에 대해 가장 실천적으로 코칭하는 책이다.

14. 생기 넘치는 교회의 4가지 기초
건강한 교회의 개혁된 실천

윌리암 뵈케슈타인, 대니얼 하이드 공저

이 책은 두 명의 개혁파 목사가 교회에 대해 저술한 책이다. 이 책은 기존의 교회성장에 관한 책들과는 궤를 달리하며, 교회의 정체성, 교회 안의 다스리는 권위 체계, 교회와 교회 간의 상호 관계, 교회의 활동 등 네 가지 영역에서 성경적 원칙이 확립되고 '질서가 잘 갖춰진 교회'가 될 것을 촉구한다. 이 네 영역 중 하나라도 잘못되고 균형을 잃으면 그만큼 교회의 삶이 생기를 잃게 되고 교회는 약해지게 된다. 어떤 기관이든 기초가 잘 잡혀야 번성하며, 교회도 예외가 아니다.

15. 장로 직분 이해하기 (근간)
모든 성도가 알아야 할 장로 직분

제랄드 벌고프, 레스터 데 코스터 공저

하나님은 복수의 장로를 통해 교회를 다스리신다. 복수의 장로가 자신의 역할을 잘 감당해야 교회 안에 하나님의 통치가 제대로 편만하게 미친다. 이 책은 그토록 중요한 장로 직분에 대한 성경의 가르침을 정리하여 제공한다. 이 책의 원칙에 의거하여 오늘날 교회 안에서 장로 후보들이 잘 양육되고 있고, 성경이 말하는 자격요건을 구비한 장로들이 성경적 원칙에 의거하여 선출되고, 장로들이 자신의 감독과 목양 책임을 잘 수행하고 있는가? 우리는 장로 직분을 바로 이해하고 새롭게 실천하여야 할 것이다. 이 책은 비단 장로만을 위한 책이 아니라 모든 성도를 위한 책이다. 성도는 장로를 선출하고 장로의 다스림에 복종하고 장로의 감독을 받고 장로를 위해 기도하고 장로의 직분 수행을 돕고 심지어 장로 직분을 사모해야 하기 때문에 장로 직분에 대한 깊은 이해가 필수적이다.

16. 집사 직분 이해하기 (근간)
모든 성도가 알아야 할 집사 직분

제랄드 벌고프, 레스터 데 코스터 공저

하나님의 율법은 교회 안에서 곤핍한 자들, 외로운 자들, 정서적 필요를 가진 자들을 따뜻하고 자애롭게 돌볼 것을 명한다. 거룩한 공동체 안에 한 명도 소외된 자가 없도록 이러한 돌봄이 잘 이루어져야 한다. 이 일은 기본적으로 모든 성도가 힘써야 할 책무이지만 교회는 특별히 이 일에 책임을 지고 감당하도록 집사 직분을 세운다. 오늘날 율법의 명령이 잘 실천되어 교회 안에 사랑과 섬김의 손길이 구석구석 미치고 있는가? 우리는 집사 직분을 바로 이해하고 새롭게 실천하여야 할 것이다. 그것은 교회 공동체를 향한 하나님의 거룩한 뜻이다.

17. 건강한 교회 만들기 (근간)
생기 넘치는 교회 생활과 사역을 위한 성경적 전략

도널드 맥네어, 에스더 미크 공저, 브라이언 채플 서문

이 책은 미국 P&R 출판사에서 출간된 책으로서, 교회라는 주제를 다룬다. 저자는 교회를 재활성화시키는 것을 돕는 컨설팅 분야에서 일하면서, 많은 교회의 문제점을 진단하고 개선을 유도하면서 교회들을 섬겼다. 교회 생활과 사역은 침체되어 있으면 안 되며 생기가 넘쳐야 한다. 저자는 탁상공론을 하지 않는다. 이 책에서 그는 교회의 관행과 관련된 여러 가지 실제적 문제점을 진단하고, 그 개선책을 제시하면서, 생기 넘치는 교회 생활과 사역을 위한 실천적 방법을 명쾌하게 예시한다. 그 방법은 인위적이지 않으며 성경에 근거한 지혜를 담고 있다.